本译著由首都师范大学文化研究院资助出版，是教育部人文社会科学研究项目“数字全球化视域下建构民族共同体记忆的理论与实践研究”（24YJC850016）的成果之一。

CAMBRIDGE

[英] 保罗 · 康纳顿（Paul Connerton）______ 著
王蜜 ______ 译

现代性如何遗忘

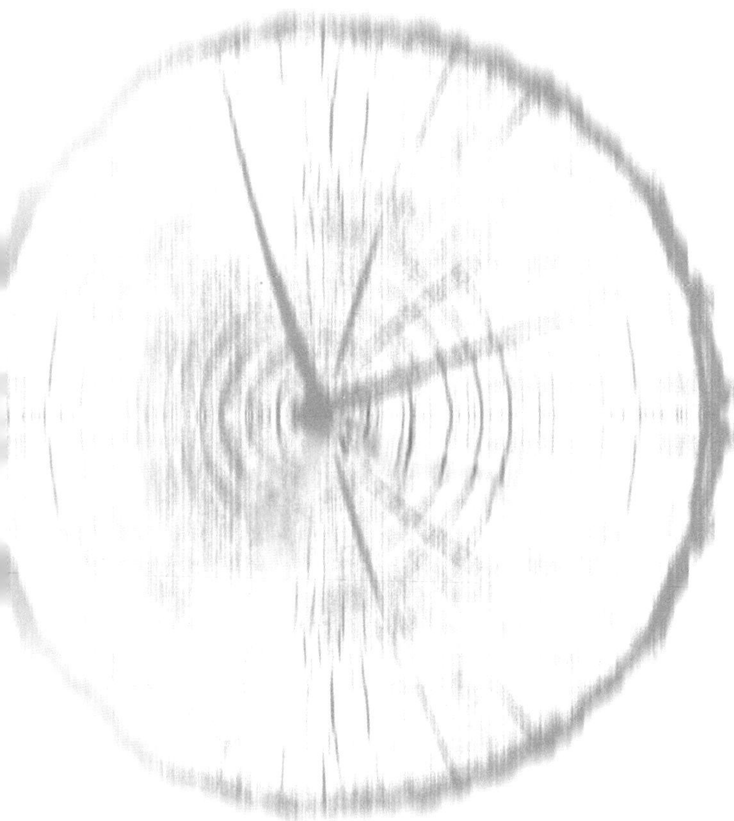

中国社会科学出版社

图字：01－2023－5626 号

图书在版编目（CIP）数据

现代性如何遗忘／（英）保罗·康纳顿著；王蜜译．北京：中国社会科学出版社，2024．8．-- ISBN 978－7－5227－3821－5

Ⅰ．C912

中国国家版本馆 CIP 数据核字第 20249XP250 号

出 版 人　赵剑英
责任编辑　郭晓鸿
特约编辑　杜若佳
责任校对　师敏革
责任印制　戴　宽

出　　版　中国社会科学出版社
社　　址　北京鼓楼西大街甲 158 号
邮　　编　100720
网　　址　http://www.csspw.cn
发 行 部　010－84083685
门 市 部　010－84029450
经　　销　新华书店及其他书店

印　　刷　北京明恒达印务有限公司
装　　订　廊坊市广阳区广增装订厂
版　　次　2024 年 8 月第 1 版
印　　次　2024 年 8 月第 1 次印刷

开　　本　710×1000　1/16
印　　张　11.5
插　　页　2
字　　数　139 千字
定　　价　59.00 元

凡购买中国社会科学出版社图书，如有质量问题请与本社营销中心联系调换
电话：010－84083683

This is a Simplified-Chinese translation of the following title published by Cambridge University Press:
How Modernity Forgets

ISBN 978 - 7 - 5227 - 3821 - 5

献给玛丽娜·沃伊坎斯卡亚

写在前面

为什么我们有时候无法记起一些事件、地方和物品？这个简单的疑问实际上涉及了“遗忘”的概念，以及现代社会如何影响了我们的记忆能力。这里“遗忘”的含义受到弗朗西斯·叶芝（Frances A. Yates）的经典著作《记忆之术》（*The Art of Memory*）的影响。在这本书中，叶芝认为，记忆有赖于场所的稳定性，而今天的世界充满了变化，使得“遗忘”成为当代社会的特点。我们的生活节奏变快；城市无限扩张，变得让人记不住；消费与劳动过程相脱节；都市建筑使用寿命变短；人际关系变得模糊不定——所有这一切都侵蚀了我们形成和分享记忆的基础。本书深刻洞察了现代社会给记忆带来的影响，对于人类学家、社会学家、心理学家和哲学家以及所有对社会理论和当代西方社会感兴趣的读者来说，都是一本必读之作。

保罗·康纳顿（Paul Connerton，1940 - 2019）是英国社会人类学家、文化理论家，以其对社会记忆和身体记忆的研究为学界所推崇。《现代性如何遗忘》一书是其记忆研究“三部曲”中的第二部。（本段为译者所加）

最好的街道是那些能够被人们记住的街道。它们给人们留下深刻、持久的美好印象。当回想一座城市，包括自己所居住的城市，脑海中浮现的或许是某条特定的街道，并且很想去那里转转；那么，这样的街道就是令人难忘的……伟大的街道有一种魔力。我们被最好的街道吸引，不是因为我们不得不去那里，而是因为我们希望去那里。最好的街道既是令人欢欣的，又是实用的。它们充满趣味，并且对所有的人开放。它们包容陌生人的相逢，也包容熟人间的偶遇。它们是一个社区和社区历史的象征；它们代表着一段公共记忆。

——《伟大的街道》第9—11页，阿兰·B. 雅各布斯①

---

① 阿兰·B. 雅各布斯（Allan B. Jacobs，1928 –），美国城市规划与设计师，曾任教于加利福尼亚大学伯克利分校环境设计学院，著有《观察城市》（*Looking at Cities*，1985）、《伟大的街道》（*Great Streets*，1993）等。——译者注

目　录

第一章　导论

当下，对记忆的探讨无处不在。遗产（连同对应的法语词“le patrimoine”和德语词“die Musealisierung”）、博物馆学、民族史、工业考古学、改造、复古、大屠杀纪念馆、反纪念碑、反记忆、记忆之场——这些都指向记忆这一共同的关切点。记忆，最开始是对个体身份而言至关重要的东西，还有记忆的裂缝与断裂，在柏格森的哲学思考、弗洛伊德的心理分析和普鲁斯特的自传式书写中都占据着中心地位，而当下作为共同关切点的记忆与此截然不同。在20世纪的开端，记忆还属于心理学的范畴，而到了20世纪接近尾声之际，它已经转向了文化记忆。目前，对文化记忆的研究已经成为一个相对独立的文化研究领域。

我们应该如何解释近年来对记忆的频繁讨论以及赋予记忆的极高价值呢？毫无疑问，在这当中，20世纪的大屠杀事件不断累积的影响发挥了关键作用。但我还想提出另外一点，即使它不是根本性的也应该是一个非常重要的原因，即现代性有一个特殊的问题，那就是“遗忘”。

这样说并非在断言文化健忘是现代性独有的问题，因为不同的社会形态显然存在着不同类型的结构性遗忘，人类学家和古典学家在分析无文字社会的传播特点时最先指出了这一点。这样说也不是简单指出当代的视野已经完全被遗忘的乌云笼罩，任何这样的断言显然都是荒谬的。列举三个例子足以说明这一点：在中欧和东欧，1989 年后国家记忆重新被珍视，而法西斯主义和斯大林主义的遗留问题仍需要面对；在北美，自 20 世纪 70 年代以来，种族记忆的修复已经成为个体身份认同中的重要部分，华裔作家汤亭亭（Maxine Hong Kingston）的《女勇士》（*Woman Warrior*）对这一点的回应就是早期最明显的迹象；美国的印第安群体呼吁各方归还属于他们的文物，建立了印第安人国家博物馆，并各处募集资助，聘请人类学家来研究印第安人自己的种族史。①

尽管事实上，遗忘并非像一张无所不包的毛毯将现代社会包裹起来，而且在现代社会之前的不同社会形态也分别展现出了属于他们自己的独特的遗忘形式，但还是有几种类型的结构性遗忘是现代性文化所“独有”的。

有不少学者已经对此有所思考。弗雷德里克·詹姆逊（Fredric Jameson）认为，“我们整个当代社会体系已经开始逐渐失去了保留其自身过去的能力”。② 艾瑞克·霍布斯鲍姆（Eric Hobsbawm）指出，“过去的毁灭，或者更确切地说，那个将个人的当代经验与前代人经验承传相连的社会机制，如今已经完全毁灭不存，这是 20 世纪晚期最具特色也最不寻常的现象之一。许许多多身处世纪

① 美国印第安人国家博物馆位于华盛顿国家广场，1989 年由史密森尼学会资助成立，2004 年正式开馆。——译者注

② F. Jameson, “Postmodernism and consumer society”, in H. Foster, ed., *Postmodern Culture* (London and Sydney, 1985), p. 125.

末的青年男女，他们的成长背景，似乎是一种永远的现在，与这个时代的众人的共同过去，缺乏任何有机的联系”。[①] 安德里亚斯·胡塞恩（Andreas Huyssen）提出了“我们文化中一个主要的、令人困惑的悖论：在过去的十五年间，一方面，毫无疑问，历史和历史意识在衰退，人们对政治、社会和文化上的健忘表达各种惋惜之情，有关后历史的各种话语，无论是唱赞歌的还是批判的，也是层出不穷，而另一方面却也伴随着规模空前的记忆热潮”。[②] 雅克·勒高夫（Jacques Le Goff）和他的看法不谋而合，他将人们对记忆的推崇与文化遗忘联系在一起，他说：“大众普遍害怕在集体失忆中丧失自己的记忆，怀旧就是这种恐惧的一种拙劣表现，且被记忆商贩无耻地加以利用，变成了消费社会的畅销品之一。”[③] 皮埃尔·诺拉（Pierre Nora）在1984—1992年间主编了三部七卷本的《记忆之场》（*Les lieux de mémoire*），托尼·朱特（Tony Judt）在评论这部作品时说：“包括美国在内的许多国家的学校课程体系实际上已经不再包含叙事历史，从这一点我们就可以知道，在不久的将来，对于许多公民来说，他们共同的过去的很大一部分将成为一个被遗忘的领域，或者更确切地说，是不为人知的领域，因为几乎已经没有什么可供人遗忘。”[④] 理查德·特迪曼（Richard Terdiman）在更长的时间轴内考虑这个问题，他写

---

① E. Hobsbawn, *Age of Extremes: The Twentieth Century* (London, 1994), p. 3.

② A. Huyssen, *Twilight Memories: Marking Time in a Culture of Amnesia* (New York and London, 1995), p. 5. ——原注

安德里亚斯·胡塞恩（1942—），美国哥伦比亚大学德语和比较文学教授。——译者注

③ J. Le Goff, *History and Memory* (New York, 1992), p. 162.

④ T. Judt, “The Past is Another Country: Myth and Memory in Postwar Europe”, in I. Deak, J. T. Gross and T. Judt, eds., *The Politics of Retribution in Europe: World War 2 and Its Aftermath* (Princeton, 2000), pp. 293 - 324. ——原注

托尼·朱特（1948—2010），英国历史学家。——译者注

道："自19世纪初开始，我们对于记忆的担忧主要就是针对两种异常情形：记忆太少和记忆太多。"① 乌尔里希·贝克（Ulrich Beck）从未来的视角聚焦遗忘问题。尽管他在讨论未来人为制造的风险（比如核污染或者化学污染还有食品污染）时，从未提及"遗忘"一词，但"遗忘"始终是他分析的潜在主题；因为风险是一种推测或者说预测，是指那些还没有发生的灾难和那些仅仅会在孩子们的未来，或者说已经被风险笼罩的人们的未来，才会发生的灾难，"风险意识的核心不是现在，而是未来"，其后果就是"在风险社会，过去不再决定未来。它的地位被未来所取代……它不再是当下经验和行动的源头"。② 最后，安托瓦纳·贡巴尼翁（Antoine Compagnon）曾透露这样一个观点，那就是我们当下空间流动导致了遗忘。他常年在纽约和巴黎之间往返穿梭，他承认自己无论在语言上还是文化上都失去了"家"的感觉，无论在哪里，都跟"此地"有一种奇怪的距离感，自己经常在海洋这头结一门课，又在另一头开一门课，"除了你最亲近的几个密友，顷刻间你会忘记所有的数字和名字。当你回来时，帷幕升起，那一瞬间你又全都记了起来。如果没有这种不自然的遗忘能力，即使你人到了那儿，你也不可能全身心地投入进去"。③

然而，尽管以上洞察都是事实，不过大多数是比较直观的看法。它们吊起了我们的胃口，让我们有了求知欲。现代性究竟如

---

① R. Terdiman, *Present Past: Modernity and the Memory Crisis* (Ithaca and London, 1993), p. 14. ——原注

理查德·特迪曼，美国加利福尼亚大学圣克鲁兹分校文学系教授。——译者注

② U. Beck, *Risk Society* (London, 1992), p. 34. ——原注

乌尔里希·贝克（1944—2015），德国社会学家。——译者注

③ A. Compagnon, *The 5 Paradoxes of Modernity* (New York, 1994), p. vii. ——原注

安托瓦纳·贡巴尼翁（1950—），法国文学教授，曾在法国、美国多所高校任教。——译者注

何遗忘，这显然非常值得我们去分析，不过到目前为止，针对这个主题还没有系统的研究。

首先，让我们从“现代性”这个概念开始：我所谓的“现代性”指的是自资本主义世界市场的出现所带来的社会结构的客观转变，这种转变在全球范围内打破了封建和传统的种种规制，也让人们从心理上逐渐摆脱了僵化的阶层束缚，拥有了更多的人生机遇。从时间上说，它是从 19 世纪中叶一直到当下。虽然现代性是一个全球性的进程，不过我将要列举的事例都十分具体，而且多数是发生在美国和欧洲，这是基于这些地区是导致遗忘发生的源头这一假设。

如果说现代性的特征之一就是伴随一种特殊类型的遗忘，那就预设了一种记忆的概念。因此，为了明确“遗忘”的含义，我们需要先对记忆进行描述。当然，存在着不同类型的记忆，其中有一种记忆的类型，我将会在下文中多次提及，那就是场所记忆。

其实，记忆依赖于地理位置的观点古已有之。所谓的“记忆之术”曾是主导了古典文化的修辞学中的一部分，它在中世纪重新焕发生机，在文艺复兴期间大放异彩，从印刷术的发明到 18 世纪才逐渐消亡。[①] 西塞罗（Cicero）对其运作原理进行了简要的描述。“想要培养这种记忆能力的人”，他写道：“必须选择地点，并把希望记住的事物在心里构思成图像，然后将这些图像储存在各自选好的地点里，这样地点位置的顺序就会维系着事物的顺序。”[②]

---

① 可参考 F. A. Yates，*The Art of Memory*（Chicago，1966）；M. Carruthers，*The Book of Memory: A Study of Memory in Medieval Culture*（Cambridge，1990）；P. H. Hutton，*History as an Art of Memory*（Hanover and London，1993）。——原注

② Yates，*The Art of Memory*，p. 2，quoting Cicero，*De oratore*，ii，lxxxvii，351 –4. ——原注

西塞罗，古罗马政治家、哲学家和演说家。——译者注

因此，这种“记忆之术”被描述为一种“位置记忆法”（method of loci）。一个位置是能够轻松被记忆理解的一个场所，比如房屋、拱门、角落、柱子或者柱子间的空间。这里的位置或者场所可以是实际感知到的，也可以是想象中的。这些或真实或想象的场所或一系列场所充当了一种坐标方格，要记住的事物的图像以一定的顺序被放置于这一坐标方格中，然后通过在脑海中一遍遍游历这张坐标方格来实现记忆的目的。整个记忆体系的前提就是场所的顺序维系着要记忆的事物的顺序。

这里应该强调一下记忆之术的两个特点：一是它基本上依赖于一个稳定的场所体系；二是记忆和人的身体内在地联系在一起，记忆被认为是只有人才能完成的行为。一些记忆之术的从业者提到修辞学家，说当他们试图在脑海中记住那些长篇大论时，就是在他们自己的记忆宫殿里不停游走。

我认为，记忆之术的这两个特点为我们理解作为现代性特征的遗忘提供了重要线索。我想指出的是，现代社会导致遗忘的主要根源与将社会生活从地方和人的维度剥离出来的过程有关：超人的速度、膨胀到难以记忆的特大型城市、与劳动过程相分离的消费主义、寿命过短的都市建筑、可步行城市的消失。在现代性中所遗忘的东西是深刻的，是生命中的人性，是在熟悉的社会人际关系中生活和工作的体验。生命的部分意义是基于共同的记忆，而当下这种意义正经历某种深刻的变化，现代性的生活空间发生的结构性转变让这种意义受到了侵蚀。

第二章　两种类型的场所记忆

许多记忆行为离不开一个具体的地方，它们与地方的关系却是不一样的。例如，请考虑以下两个例子。

第一个例子有关当代巴勒斯坦人的经历。1948 年以色列建国，大批巴勒斯坦人遭驱逐，家园被占领，这场背井离乡的灾难成为巴勒斯坦人集体记忆中的核心事件。数百个村庄被摧毁，几乎所有的房屋和建筑物被夷为平地，然后占领者重新改造了这里。在各种文献、短篇小说、绘画和记忆地图中，树的命运都成为一种缩影，代表着巴勒斯坦人背井离乡的厄运和扎根故土的渴望。事实上，正是树在这个地区的真实命运决定了树的这种象征意义。一本名为《占领区的橄榄树》（*Olive Trees under Occupation*）的手册记录了米迪亚（Midya）村在 1986 年的遭遇。当时 3300 多棵橄榄树被连根拔起，于是，村民们在村子入口和自家房前都挂起了黑色的横幅，就像悼念去世的人一样。在格桑·卡纳法尼（Ghassan Kanafani）[①] 的短篇小说《悲伤的橘子地》（Land of Sad Oranges）中，叙述者是一个小男孩，他的叔叔因为想到那

① 格桑·卡纳法尼（1936—1972），巴勒斯坦作家。——译者注

些“丢给犹太人”的橘子树而感到悲伤。这一幕让他回想起了家乡的一个农民曾经告诉他，如果把橘子树留给陌生人照顾，它们会枯萎而死。阿明·什泰（Amin Shtai）在1977年绘制的一幅画中，将一棵橄榄树和一个人合二为一，创作了一个头戴传统头饰的巴勒斯坦人形象，树干和人的躯干融合在一起，构成了上半部分，下半部则分别是一条树腿，一条人腿。当巴勒斯坦人试图重构他们被摧毁的村庄的记忆图谱时，树成为他们修复记忆时的主题。实际上，对于前往这里的巴勒斯坦朝圣者来说，除了树，几乎没有其他东西可供他们记忆和悼念。

第二个例子来自19世纪末，欧洲城市中的许多女性罹患旷野恐惧症（agoraphobia）的创伤经历。1872年，韦斯特法尔（Westphal）[①] 提出了“旷野恐惧症”这个术语，并首次对其展开了系统的病例研究。他的病人碰巧都是男性，他们被这种莫名其妙的焦虑所困扰，再现了加诸资产阶级女性身上的、在公共场所活动时的社会禁忌。在之后对旷野恐惧症的研究中，女性患者占了大多数。她们抱怨强烈的焦虑使她们无法像其他人一样四处走动——没法走出家门，穿过空旷的街道或广场，或者走进一个人头攒动的音乐厅。实际上，她们正经历的这种无法抑制的痛苦在19世纪很常见。在当时资产阶级的思想中，街道是一个充满危险的空间，隐藏在资本主义生产关系中的社会斗争在街道上公然存在。当恩格斯在描述19世纪40年代英国工人阶级的处境时，他表明，工人们的处境和他们所处街道的状况是一样的。恩格斯不仅描述了曼彻斯特的街道，还描述了伦敦、都柏林、格拉斯哥、

① 卡尔·弗里德里希·奥托·韦斯特法尔（Karl Friedrich Otto Westphal，1833 - 1890），德国柏林的精神科医生。——译者注

利兹、布拉特福德和爱丁堡的街道。这些地方的街道都有了社会斗争的症候。因为做生意已经成为男人的专属，女人则应负责做家务，所以，男人出现在街道上是合理的，而女人在街上抛头露面则会被认为，是因为她们的丈夫没法一个人养家糊口，为了生计不得已而为之。因此，男人会觉得对街上独行的女人做出无礼的行为，没什么不行。我们从礼仪手册中可以一窥对资产阶级女性出现在公共场所的重重限制。范·祖特芬·范·德姆夫人（Mrs Van Zutphen van Dedem）在其关于文明礼仪的著作中，专辟一章讨论了“应该规避和拒斥的行为”。其中列举了许多女性应该避免涉足的场合：贫民窟、区间车、有轨电车、三等酒馆、电影院廉价票区以及街道上聚集的人群和庆祝集会。不仅如此，越有修养的人越尽可能小心地避免与他人的身体和衣服有（哪怕最轻微的）接触，因为在人口稠密的城市中心，比起卫生健康，更大的风险是跟那些教养差的人打交道，这些人可能会将你团团围住，并且这种风险始终存在。因此，街道是一个充满了危机的空间。

直到19世纪末，对女性在公共场合露面的各种限制才逐渐消失。尽管火车上依然有女士专用车厢和单独的女士咖啡馆，不过这些隔离机制逐渐被废弃，女性开始更自由地出现在更多地方。然而，恰恰当西欧城市减少对女性活动的社会限制时，精神病学刊物开始刊登女性罹患旷野恐惧症的病例研究。对资产阶级女性活动的限制最初是出于对她们安全和地位的考虑，同时这也暗示了她们的体面、贞洁和依赖性，但现在这些限制却以幻想的形式继续存在，因为街道被臆想为潜在的暴力和艳遇场所。之前被社会禁止但现在被允许的行为仍然是不可行或者会带来问题的，至少对部分女性来说是这样。即使对街道的幻想已然淡出了公共话语，这些女性依然深受其毒害，罹患旷野恐惧症，需要精神科医生的治疗。当放松了之前对资产阶级女性在公共场合活动的限制后，女性依然会沉溺于无法自拔的臆想，这种对公共空间的恐惧其实再现了那些限制，尽管这一点在过去一段时间内并不被认可，人们认为，它只是一种莫名的焦虑而已。现在看来，这种莫名的焦虑其实源自一种集体记忆。关于某个特定地点具有危险的记忆不是出现在礼仪手册中，而是扎根于精神病症中。

关于这两个例子，我要感谢卡罗尔·巴登斯坦（Carol Bardenstein）和阿布拉姆·德·斯瓦恩（Abram de Swaan）。[①] 碰巧这两个例子都涉及创伤记忆，不过这并不是我想让各位注意的特征。我之所以阐述这两个例子，是因为它们以两种截然不同的方式体现了记忆行为如何与一个特定的场所相关，或者说依赖于一个特定的场所。为了说明这种差异，我建议我们区分“纪念性场所”（the memorial）和“一般性场所”（the locus）。

一

基于这种区分，我们可以考察很多地方，判断它们属于这两个类别中的哪一种。关于“纪念性场所”，我们可以思考一些场所的命名和朝圣；关于“一般性场所”，我们可以考虑房屋和街道。

（一）

纪念性的场所可以仅仅是一个地名。地名本身是一个地方

① C. B. Bardenstein, “Trees, forests, and the shaping of Palestinian and Israeli Collective Memory”, in M. Bal, J. Crewe and L. Spitzer, eds., *Acts of Memory* (Hanover and London, 1999), pp. 148 – 68; A. de Swaan, “The politics of agoraphobia”, in *The Management of Normality* (London and New York, 1990), pp. 139 – 67. ——原注

所具有的简单而常见的属性，就像每个人有各自的名字一样。地名是一个地方区别于另一个地方的标识，也是社会交际中用来定位的符号，但地名的意义远不止于此。对于西部阿帕奇人（Apaches）来说，那些语义透明的地名能够强有力地唤起他们对于一些耳熟能详的故事的记忆。这些地名在精神地理学中充当了有效的助记符，能够激发典型的行为，那就是只要提到这些地名，人们就会马上记起一个众所周知的故事。[①] 不过更常见的是一些语义不明显的地名：它们掩盖了一个地方的过去，让这个地方的历史若隐若现。大多数被隐藏起来的历史都涉及运用权力征服土地和他者，当权力消失的时候，地名却作为曾经的证据被保留了下来。英国的许多地名就是这种情况，我们透过地名可以一窥曾经的侵略和殖民行径。从 9 世纪末起，斯堪的纳维亚人征服了英格兰的大片土地，他们接管了原有的英格兰村庄并新建了大量的新村庄，因此成百上千个英格兰村庄都有了典型的斯堪的纳维亚名字，这些村庄的名字中都有后缀“ - by”，因此可以轻而易举地将它们辨认出来。到了 10 世纪，在英格兰西北各郡定居的挪威人也在这些地区的地名中留下了他们的痕迹，比如坎伯兰郡（Cumberland）和威斯特摩兰郡（Westmorland）等众多新开地的地名。从约克郡（Yorkshire）到德文郡（Devon），外来者在征服英格兰之后开垦的林中空地，大多数是在 12—13 世纪才被登记在册，现今也被编入了英国的

① K. Basso, “‘Speaking with Names’: Language and Landscape Among the Western Apache”, *Cultural Anthropology*, 3: 2 (1988), pp. 99 - 130, and “Wisdom sits in Places: Notes on a Western Apache Landscape”, in S. Feld and K. H. Basso, eds., *Senses of Place* (Santa Fe, 1996), pp. 53 - 90.

阿帕奇人是美洲的一个原住民群体，历史上主要居住在北美洲西南部。——译者注

地名索引，比如伍德科茨（Woodcotts）、伍德曼科茨（Woodmancotes）、伍德霍斯（Woodhalls）。[①] 也有些地名讲述的是极其久远的历史，苍白无力而又无处可寻，只能在沉默中黯然失色，比如东安格利亚原野（East Anglia），人们希望用那些代表着遥远之地的地名来命名，就像——中国（China）、西伯利亚（Siberia）、巴比伦（Babylon）或者天涯海角（End of the World）。[②] 还有些地名是命名者家乡名字的“新”版本，比如纽约（New York）。当时英国人和其他欧洲殖民定居者一样，开始用他们原来定居的繁华之地的名字来命名美洲、非洲、亚洲、澳大利亚和大洋洲的偏远地区。[③] 有时候，地名也会成为两种不可兼容的地理想象碰撞的场域：就像在澳大利亚北部的罗珀谷（Roper Valley）地区一样，当地原住民的各处地名指向的是神话时代祖先的各种活动，在那个时候，人们认为，地球的形态是永远不变的，这昭示着在地表下隐藏着一股精神力量，它能够一直让过去循环往复，让树木代代生长，让生命不断延续。正是地名将新与旧联结在一起，进而消除了所有的代际差异；然而，英国人在罗珀谷地区的命名几乎都是在 19 世纪末 20 世纪初，这些地名记录了早期官方“探险家”的活动，名字自身就构成了一张发生过的历史事件的导图，显示着时间推移带来的变迁。[④] 而且，像中东（Middle East）、远东（Far East）这样的地名依然牢牢存在于我们的认知中，即

① W. G. Hoskins, *The Making of the English Landscape* (London, 1955), pp. 70, 72, 88.

② C. O. Frake, “Pleasant Places, Past Times, and Sheltered Identity in Rural East Anglia”, in S. Feld and K. H. Basso, eds., *Senses of Place* (Santa Fe, 1996), pp. 229 – 57.

③ B. Anderson, “Memory and Forgetting”, in Imagined Communities (London, 1991), pp. 187 – 206.

④ H. Morphy, “Colonialism, History and the Construction of Place: The Politics of Landscape in Northern Australia”, in B. Bender, ed., *Landscape: Politics and Perspectives* (Oxford, 1993), pp. 205 – 43.

使到了今天，无论从字面含义上还是比喻意义上看，这些地名都暗示了一种权力中心论，亦如站在格林威治子午线经过的地方俯瞰一切。

当为地方命名时，那些负责命名的人通常特别清楚他们希望附加在名字上的记忆。1789 年法国大革命时，革命者们通过在巴黎地图上印上革命地名来宣告革命者的根本主张。早在 1790 年 6 月 22 日，制宪会议就审议了巴黎 48 个政区的命名，革命者们还相继重新命名了巴黎 26 个广场中的 16 个和 12 座桥梁中的 5 座。从 1791 年到 1792 年，基于对很多人物的尊崇，伏尔泰（Voltaire）、卢梭（Rousseau）、米拉波（Mirabeau）、布封（Buffon）、爱尔维修（Helvétius）、拉法耶特（Lafayette）和富兰克林（Franklin）的名字相继成为巴黎街道的名字，并出现在地图上。紧接着，在 1792—1794 年间掀起了重新命名的热潮，革命地名取代了那些能让人回忆起君主制和教会的地名：路易十五广场（Place Louis XV）改名为大革命广场（Place de la Révolution），圣母桥（Pont Notre-Dame）改名为理性桥（Pont de la Raison）。此时革命者的理想是将大革命当作历史的开端，他们认为，唯一重要的记忆应该关涉未来要实现的目标和理想，因此出现了很多有关人权、联盟、法律和无裤党（Sansculottes）① 的地名。随后，拿破仑终止了这种抽象地名的命名。他意识到，要颂扬现在就必须纪念过去，只有这样，一个国家所需要的合法性血统才能建立起来，所以他特地挑选了有“历史”的名字，不过这些名字是远早于旧体制的，取材于路易十三之前的历史。但是，拿破仑帝国带来的最显著的改变

① 18 世纪末法国大革命中较为激进的一派，大多数来自贫困阶级，因没有穿着当时贵族流行的套裤，故有“无裤党”之名。——译者注

还是那些他以自己军官和战役的名字进行的命名，比如奥斯特里茨（Rues d'Austerlitz）、耶拿（d'Iena）和乌尔姆（d'Ulm）[①]。尽管路易十八下令恢复了49条巴黎街道、码头、广场和桥梁在革命前的名字，但拿破仑留给这座城市的200条新街道仍然记载着他的传奇成就。时至今日，法国首都的符号地理学也以塞纳河为界，形成了东与西、南与北两两对立的局面。塞纳河左岸有先贤祠（Panthéon），自1791年以来，这里成为安葬伏尔泰、卢梭、雨果（Hugo）、饶勒斯（Jaurès）[②] 等历史名人的圣殿；右岸的旺多姆广场（Place Vendôme）上有拿破仑雕像，爱德华广场（l'Étoile）上有凯旋门。1981年5月10日，弗朗索瓦·密特朗（François Mitterand）[③] 在巴士底广场（Place de la Bastille）庆祝选举胜利；1968年5月30日，戴高乐（Charles de Gaulle）的支持者在香榭丽舍大街（Champs élysées）进行了示威。[④]

无论是都市地貌还是如巴布亚新几内亚（Papua New Guinea）那样的自然地貌，地名都是助记符，是高度活跃的语言符号。[⑤]要讨论地方，必然涉及各类传记；地名会召唤出广泛的联系，这

① 三次著名的战役：奥斯特里茨战役、耶拿战役和乌尔姆战役，在巴黎都有因为纪念这些战役而命名的街道或者桥梁。——译者注

② 让·饶勒斯（Jean Jaurès，1859 - 1914），法国和国际社会主义运动的著名活动家，法国社会党领导人之一，历史学家和哲学家。——译者注

③ 弗朗索瓦·密特朗（1916—1996），法国第五共和国第四位总统，1981—1995年在任。——译者注

④ D. Milo，"Street names"，in P. Nora，ed.，*Realms of Memory*（New York，1996），Vol. Ⅱ，pp. 363 - 89. ——原注

巴士底广场在巴黎市区东部、塞纳河右岸，香榭丽舍大街在巴黎市区西部、塞纳河左岸。——译者注

⑤ S. Feld，"Waterfalls of Song：An Acoustemology of Place Resounding in Bosavi，Papua New Guinea"，in S. Feld and K. H. Basso，eds.，*Senses of Place*（Santa Fe，1996），pp. 91 - 136；M. Kahn，"Your Place and Mine：Sharing Emotional Landscapes in Wamira，Papua New Guinea"，in S. Feld and K. H. Basso，eds.，*Senses of Place*（Santa Fe，1996），pp. 167 - 96.

些联系有关该地的历史、各类事件、人物和社会活动；当历史叙事围绕一个具体的空间，并且其中的时序以与事件相关的地点序列的形式呈现出来时，这样的历史叙事才会更准确。对于瓦米若人（Wamirans）[①] 来说，每一块石头、每一棵树、每一处低洼地，都有自己的名字和故事，人们利用石头在土地上做标记，以此将自己和特定的地方联结在一起，从而获得自己的身份和相应的权利。对于法尔族人（Foi）[②] 来说，地名就是一种简写符号，它浓缩了这个地方的历史事件或神话故事，因此，地名也充当了一种记忆系统，帮助人们回忆在这片土地上曾经发生的故事，也正是这些故事让这片土地变得独特而有意义。对于卡露力族（Kaluli）[③] 人来说，生活在一个声音信号比视觉信号传输的快得多的地方，敏锐的听觉对于具体地点的定位至关重要。在他们的命名实践中，水在他们情感中占据的主导地位显而易见：它是连接不同河道和标记海拔变化的天然形式，两个水域交汇的地方或者有瀑布的地方就是天然的边界，可以用来协调不同地域和水域的划分，进而明确边界、确定权限和渔区。各种歌谣和挽歌建构了记忆图谱，唤起人们有关各种事件和社会关系的记忆，而这些歌谣和挽歌之所以具有召唤情感和记忆的能量，则有赖于一系列的地名。

（二）

当我们想到地方的名字时，我们想到的一般是一种简单的标记和空间的一种固定性；不过纪念性的场所可以使用更复杂的编码进行标记，可以是用来进行空间活动的临时性建筑。例如，许

① 生活在巴布亚新几内亚东南的米尔恩湾省（Milne Bay Province）。——译者注

② 生活在巴布亚新几内亚南部高地省（Southern Highlands Province）。——译者注

③ 生活在巴布亚新几内亚大巴布亚高原地区（Great Papuan Plateau）的热带雨林中。——译者注

多仪式活动是在指定的场所通过相应的身体活动操演完成，这些场所包括地穴、广场、长屋、寺庙和教堂等。跨越门槛是身体操演的一种特别方式，这种行为在婚姻仪式、领养仪式、授职仪式和葬礼仪式中都是很重要的一步。我们通常把上面这些仪式当作过渡仪式（rites of passage），把正发生的事当作线性发展进程中的一个阶段，通过举办仪式，生命从一个阶段过渡到了另一个阶段。但是，我们很难理解这种时间上的“过渡”，于是便通过感知空间上的“通过”来把握这种“过渡”。当分析以上这些过渡仪式时，范·热内普（van Gennep）确定了分离、过渡和融入三个阶段，他正是从场所的角度来描述此三重进程的。① 他强调正是这种“地域过渡”（territorial passage）为我们理解社会范围内的仪式性过渡提供了合适的参考框架。我们一次次地发现，从一种社会地位到另外一种社会地位的过渡，都是经由进入一个村庄或者房屋，或从一个房间移入另一个房间，或穿过街道和广场这样的活动确认完成的。我们借助“地域过渡”来确证仪式的完成，这也解释了为什么从一个群体到另一个群体的过渡常常是借助“通过”一个门的仪式来实现。对于普通住所来说，门是内外的边界；如果是寺庙，那门就是世俗世界和神圣世界的边界。我们经常发现从一个地方移动到另一个地方时，门槛成为一个特别的区域，关键性的过渡就是在这个区域内完成：跨越门槛就意味着将自己与一个全新的世界联结了起来。门槛成为一个特殊的、任何其他场所都不能代替的空间，只有它能够清楚明了地确证一

---

① A. van Gennep, *The Rites of Passage* (Eng. tr. Chicago, 1960). ——原注

阿诺德·范·热内普（Arnold van Gennep, 1873 – 1957），法国人类学家和民俗学家。——译者注

场过渡仪式的完成。

在朝圣中，这样的门槛和临界空间也相当多。朝圣是要去往最神圣的地方，是一段要花费数月甚至数年的漫长旅程。尽管今天仍然有不少人会踏上朝圣之旅，但朝圣已经不再是人们日常会践行的社会文化活动。但在中世纪的欧洲和亚洲，它却是人们日常生活中的一部分。这里仅举两个例子：在中世纪，英格兰至少有 74 个人流量很大的朝圣地，而在宗教改革之前的苏格兰至少有 32 个这样的朝圣地。在一个以农业为基础的社会中，如果手工业也相当发达，而社会制度是封建制或者世袭制，城乡之间有着明确的界线，而且现代工业的发展非常有限，这样的社会状况最有利于朝圣活动的蓬勃发展，并且会促使其广泛融入日常生活中。在这种情况下，朝圣之旅代表了生活坐标体系两极中的一极。人们在村落或者城镇里过着相对安定的生活，这是一极；而在另一极，人们过的是少有的流浪式的生活，即朝圣之旅。[①]

朝圣之旅最终要到达一个圣地，这是一个记忆场所，它依靠更广泛的地理想象发挥作用。在 1585—1590 年间，教皇西克斯图斯五世（Sixtus V）着手改造罗马作为朝圣中心地的形象。他在 5 年内建成了一个新罗马。从表面上看，他渴望把整个罗马变成一个纯粹的圣地。新的道路体系贯穿 7 个主要教堂和圣殿，朝圣者在一天之内就可以遍访这些教堂和圣殿。整个罗马的主街都是纵横分布，所有妨碍这一布局的现存建筑都被拆除。一张道路网连通了圣三一教堂（Trinità del Monti）、圣母大殿（Great Basilicas of Sta Maria Maggiore）、圣乔万尼教堂（San Giovanni di Laterano）、耶路撒冷圣十字圣殿（Sta Croce in Gerusalemme）和圣老楞佐圣

① V. Turner, *Process*, *Performance*, *and Pilgrimage* (New Delhi, 1979).

殿（San Lorenzo fuori le Mura）。罗马所有的重建工作并非都由西克斯图斯五世发起的。交会于广场的三条道路早就有了，不过这儿的两座圆顶教堂直到1660年才兴建。在三条道路相交的地方竖起的那座方尖碑是西克斯图斯五世的设计，这是标志着道路相交的方尖碑系列中的一个，其主要目的是方便朝圣者找到通往各个教堂的路：柱子和方尖碑就是路标。对于蜂拥而至的朝圣者，罗马就是他们漫长旅程的终点，这些路标负责指引他们。早在西克斯图斯五世担任教皇之前，就有大量的朝圣者拥进罗马。1450年，大量的朝圣者前往圣彼得大教堂（St. Peter's），当他们途经圣天使桥（Ponte Sant'Angelo）时，由于人过多，桥面拥挤不堪，很多人被挤下桥后溺水而亡。在16世纪的最后几十年里，到达罗马的朝圣者人数创造了历史新高：1575年，圣三一教堂接待了174467名朝圣者，而在1600年，接待了大约210000名朝圣者。在那个时候，朝圣已经有了诸多意义。第一层意义自然是朝圣者最终到达终点即罗马的主要教堂和圣地。第二层意义，可以瞻仰16世纪末的新罗马这一建筑奇迹。在短短五年零四个月的时间里，西克斯图斯五世的举措极大地改变了罗马的城市布局，以至于一位在西克斯图斯五世死后回到罗马的牧师写到，他几乎认不出这座城市了，似乎一切都是新的——建筑、街道、广场、喷泉、水渠还有方尖碑。除了以上两层意义，朝圣还有另外一层意义，那就是看一看基督教兴盛之前的古罗马。基督教朝圣者们会去参观那些业已荒废的古罗马建筑奇观，《奇妙的罗马城》（*Mirabilia Urbis Romae*）就提到了这些地方，这是一本颇为流行的朝圣者指南，最初写于12世纪中叶，在后来的几百年间被不断抄录，也增加和变动了部分内容。因此，朝圣者在罗马城内漫游，就如同走进了一个露天的博物馆。到16世纪晚期，罗马成为一个包含多重意义的朝圣之地。多年以后，亨利·詹姆斯（Henry James）写到，罗马就是历史的无限叠加。

朝圣之旅可能会受到空间禁令或者空间命令的影响。在现代澳大利亚原住民中，沃皮瑞族（Warlpiri）[①] 人用“绕过一个地方”（to go around）的说法来表达我们可能会说的“绕道而行”。对于中东的穆斯林，他们所说的“麦加朝圣”（hadj），可能是来自古老的闪语词根“h-dj”，也是绕过一个地方的意思。尽管这两个用语都是指在朝圣途中身体在一个空间场所内的一种规定的活动，但是，“绕过一个地方”这一表达在两个情况下的意义完全不同：一种情况奉行的是空间禁令；另一种情况奉行的是空间命令。比如澳大利亚原住民的那个例子，封闭在这里是一种空间禁忌，表现在他们要绕过这个场所，甚至为了不看到它而必须与其保持足够的间距。如果你能看到，就说明你离得还不够远。因为都绕道而行，这就相当于所有的参与者人为地制造了一个消极空间，这是他们从不会涉足的一个空间，其实这个空间本来就已经存在，这个空间的一部分可能完全不会出现在他们的视野中；通过这种排斥行为，一个特定空间产生了，这是一个被人为限定和消除的空间。[②] 在朝圣之旅中，更常见的是遵从一种空间命令，它要求朝圣者去往无比庄严的圣地，跟随朝圣者向圣地前进，沿途甚至也变得愈加神圣。[③] 例如，前往耶路撒冷的朝圣者在旅途

① 生活在澳大利亚北领地中部沙漠地区，以独特的语言以及与祖先、土地的牢固联系而闻名。——译者注

② N. D. Munn, “Excluded Spaces: The Figure in the Australian Aboriginal Landscape”, *Critical Inquiry*, 22 (Spring 1996), pp. 446–65.

③ Turner, *Process, Performance, and Pilgrimage.*

开始时，会经过许多世俗的寻常之地，这时个人内省式的忏悔占据了他们的内心；但是随着旅途接近终点，几乎途经的每一处地标、前进的每一步，都充满了强烈的象征意义和情感。朝圣者所体验到的神圣感从来都不是私密的，甚至越接近圣地磁场的中心，它变得愈加公开。朝圣者离圣地越近，神圣感就会变得越具体，集体性的表征将包围并几乎渗透进整个环境。这样向着神圣空间前进带来的结果，不是焦虑而是善念。

朝圣的例子表明，将空间问题与身体行动剥离开是大错特错的行为。无论是空间禁令还是空间命令，身体行动与空间场所之间都产生了一种象征性的联系，这是实实在在发生的。就此而言，所谓的朝圣这个词本身也可能具有误导性。例如，朝圣的梵文（Sanskrit）是“yatra”，是“行进”或者“去”的意思，实际上，在梵文中通常用的是“tirtha-yatra”，意思是“去渡口”，这意味着朝圣地位于渡河的地方。巴利语（Pali）的“走出去”是“pabbajja”，接近于梵文中的“pravrajya”，也是“走出去”的意思，换句话说，就是要放弃相对稳定的居家生活，过一种四处漂泊的苦行僧式的生活。[①] 以上这些用语表达的就是在特定空间场域中的一系列身体行动，与抽象而又严肃的“pilgrimage”一词所隐含的具体意思相比，它们更能恰当地捕捉到朝圣在这里所涉及的意义。[②] 一般谈到社会空间，亨利·列斐伏尔（Henri Lefebvre）认为空间具有“二元属性”，即作为“行动基础”的空间和作为“行动场域”的空间[③]：作为“行动基础”的空间，他强调这些

① 巴利语是古代印度的一种通用俗语，属于印欧语系印度语族中的中古印度－雅利安语，与梵语十分相近。——译者注

② Munn，“Excluded spaces”.

③ H. Lefebvre，*The Production of Space*（Eng. tr. Oxford，1991）.

场所空间是“激发行动的力量和引导行动的源泉”；作为“行动场域”的空间，它指的不是一个固定的区域，而是行动者活动的空间场域。这是一个以行动者的身体为中心的场域，周围触手可及，也包括行动者所能听得到、看得到的地方。身体就是一个空间场域，每个阶段的朝圣者所处的空间都是相对固定的——这种固定性是相对于行动者而言，而非周遭的环境。朝圣让我们明白空间的边界并非总固定不变的，边界并不一定是那些在地面上长久存在的标记，正因为如此，我们理解了不能把空间问题从身体行动中抽象出来。朝圣之旅被精心编码，而对于地名的诸多限制性编码，我们也应该得出推论：地名标记永远不能脱离处在具体时空中的行动者的行动。

二

我们现在把关注点从作为记忆之地的纪念性场所转移到作为文化记忆之地的一般性场所上。

(一)

这里所说的一般性场所可大可小。就拿房子来说，当我们身处一个房子或者一间屋子、一个山谷中时，我们总会有种被包围的感觉，在这里视界是不能向外延展的。在房子的内部，建筑师构建了一个内部世界，它具有最小的坐标体系和内外边界，建筑师利用通常分布于房屋前后轴线上的主要基点调节居住者的方向感。房屋之所以能够充当一个坐标体系、记忆装置，就是因为它在一定程度上具有稳定性。即使是活动性住房，建造的目的也是希望能在一个地方稳定下来。走廊、露台、花园也可以让一个家与周围的环境更紧密地联系在一起，树木也有助于房屋的稳定性。[①] 家变成了一份备忘录：它装着那些日常生活的各种必需品，它们被摆放在橱柜的隔板上，最高的一层放着最珍贵的物品，这些物品只在最盛大的场合采用，而那些便宜的消耗品则放在下面。它记录着家庭成员在这个内部空间里的等级地位，比如餐椅的座序和个人权力的大小、出生顺序等保持一致；同时它还交织着个人的生活史，记录着那些一边用餐一边协调各种安排、传达信息、权衡和分享外部事件和人的时光。[②]

因此，房子不仅仅是一群人居住的一栋建筑，作为一个由墙壁和边界构建的物质结构，它提供的远不止一个庇护所和一个活动空间。除此之外，它还是一种表征媒介，我们可以把它解读为一个有效的记忆系统。许多人类学家同意这一点。房子被比作一本书，从中可以一览社会乃至整个宇宙的结构；[③] 房子被比作一种社会文本，在前文字社会，这是体现人们思想的最好方式之一，所以在没有文字的情况下，房子不仅体现了阶层划分的特殊原则，而且说明了划分本身的价值所在。[④] 人们认为，房子为居住者提供了天地万物的结构模型，因为不管是什么规模的房子，或者是用什么材料建成的房子，它都可以用来表征所有的关系。[⑤] 房子

---

① K. Harries, *The Ethical Function of Architecture* (Cambridge, Mass., 1997), pp. 99, 144-48, 172, 248-50.

② M. Douglas, "The Idea of a House: A Kind of Space", *Social Research*, 58: 1 (Spring 1991), pp. 287-307.

③ J. Carsten and S. Hugh-Jones, eds., *About the House-Lévi-Strauss and Beyond* (Cambridge, 1995); P. Bourdieu, *Outline of a Theory of Practice* (Eng. tr. Cambridge, 1977), p. 89.

④ C. Cunningham, "Order in the Atoni house", *Bijdragen tot de Taal-, Land-n Volkenkunde*, 120 (1964), pp. 34-68.

⑤ P. Wilson, *The Domestication of the Human Species* (New Haven, 1989), p. 58.

也被比作一种“空间文本”，作为一种文化表征，它是通过隐喻的方式来指代各种社会单位和社会类别，正因为如此，演员才能在日常的实景排练中表达各种意义和不同的权力关系。[①] 人们通过实际行动创造出实物体系反映了天地万物的秩序，正如哥伦比亚的帕拉－皮拉纳（Para-Pirana）人建造的长屋（longhouses），在两扇门之间是一条垂直的阴阳轴线，所有的日常活动都在一种同心圆的模式内展开，外围代表的是个体的家庭生活，而中心区域则是公共生活和商业生活。[②] 同样，斐济（Fijian）的房屋就是一张蕴含了斐济社会等级和礼仪制度的图示，“房屋面朝大海的一侧为尊，与之相应的面向东方的一端也为尊，如果房屋垂直于海岸线，那么东侧则为尊，与之相应的面向海洋的一端也为尊”。[③]

如果说房子充当了一种记忆结构，那不仅仅因为它是一种静态的表征媒介，其中还有动态的因素，那就是房子的命运其实与身体的命运紧密交织在一起。[④] 二者有一个共同的特点，即在日常生活中都不会引起人们足够的重视。就像我们想当然地认为身体健康是理所当然的，直到因为意外、事故或者衰老，我们的身体再也不能让我们随心所欲，同样我们也想当然地认为房子就在那里，直到发生意外情况。比如搬迁、家庭纠纷、火灾、战争或者陷入贫困，我们才被迫意识到房子在生活中的核心意义。有时，这两者的命运会被形象地展示出来：在西方，儿童画的房子

---

① H. Moore, *Space*, *Text and Gender* (Cambridge, 1986).

② C. Hugh-Jones, *From the Milk River: Spatial and Temporal Processes in Northwest Amazonia* (Cambridge, 1979), p. 246.

③ M. Sahlins, *Culture and Practical Reason* (Chicago, 1976), p. 33.

④ Carsten and Hugh-Jones, eds., *About the House*, Introduction.

中，其典型特征就是包含两个窗户和一扇门，我们可以把它解读为两只眼睛和一张嘴巴，从中我们可以很清楚地看到个体，或者具体来说是个体的躯体被映射到了房子上。房子内的家具也会提醒我们那些房子和身体所拥有的共同经历。房子内的收藏品也会让我们了解到之前的经历。在一项对当代芝加哥的研究中，伊莱恩·罗奇伯格-哈尔顿（Elaine Rochberg-Halton）[①] 发现，一座房子里真正有价值的东西不是那些“经济战利品”，尽管它们“确实代表着一个人的社会经济阶层、年龄和性别”，而是那些体现与心爱之人、亲人之间亲密关系，承载生活中重大事件记忆的物件。这些物件可以是照片，也可以是具体的物品，比如一架钢琴、一台钟表或者一把椅子，这些物品让人们在消费社会带来的感官超载之外萌生出一种自我意识。[②] 这些物品不会被胡乱放置，因为人们总是会在房子的核心位置来引入、保留并且重新体验那些对外部世界的记忆。在北美的乡间住宅，壁炉周围照例都会放满纪念品，正如在墨西哥的乡间住宅，院子里的喷泉常常是最引人注目的装饰，它的周围也总是放满了纪念品。一个家庭的珍贵之物被放置在靠近房子核心的位置，这使得它们可以被触摸并且能够长久地存在。我们也不应该把壁炉看作一个静态的象征中心，它还有另外一层意义，那就是作为转变发生的地方。房子本身也不是一个静态结构，它持续地转变房子所经历的一切（转变成记忆——译者注）。不管是血亲还是姻亲，肉类还是蔬菜，一切进入房子里的要素都在壁炉这里被掺杂糅合在一起，所以无论

① 伊莱恩·罗奇伯格-哈尔顿（1941—），美国社会学家。——译者注

② E. Rochberg-Halton, *Meaning and Modernity: Social Theory in the Pragmatic Attitude* (Chicago, 1986), p. 173.

从实际的角度还是象征的角度看，壁炉都是这些转变发生的一个场域。房子和个体的身体还有一个可类比之处。在扎菲马尼里部族（Zafimaniry）[①]，通常是一对新人宣布结婚的同时才开始建房子，等到他们的第一个孩子出生房子才建好，所以这里的房子和里面的居住者是同步的，都是从无到有，然后伴随成员的成长和增加；马卡萨族（Makassarese）[②] 把建房子比作分娩，只有生满3个孩子，房子才建好。这样一来，房子的建筑过程——建造、维修、改造、扩建——往往与居住者生活中的重要事件同步，因此房子的居住者也不得不意识到，房子的生命经历和自己的生命经历之间存在诸多一致和呼应。[③]

有些房子特别大，也特别精致，比如新西兰北岛的毛利人在1850—1930年间建造的会堂。罗杰·内奇（Roger Neich）[④] 对这些会堂进行了细致的研究，并摄影记录。这种会堂主要从19世纪早期和欧洲在此建立殖民地以前的大型房屋建筑发展而来，建造的目的是打击敌对族群的自信心，借助会堂的宏伟和其中蕴含的价值来展现自己祖先的形象，并颂扬他们高于任何其他族群的祖先。

这样的房子是记忆之地（loci of memory）。房子不仅仅属于现在，属于建造它的那个时期，更属于一个延伸的时间段，它追溯到过去的同时，把过去引入当下。对于毛利人来说，进入一个会堂不仅仅是进到一个房子当中，更是深入祖先的脏腑，充分感知祖先的存在。头顶上装饰华丽的椽子[⑤]象征着祖先的肋骨，屋脊梁

① 属于马达加斯加贝齐里奥族下的一个分支，生活在贝齐里奥高原地区。——译者注

② 居住在印度尼西亚苏拉威西岛南部的一个民族。——译者注

③ M. Bloch, "The Resurrection of the House Amongst the Zafimaniry of Madagascar", in J. Carsten and S. Hugh-Jones, eds., *About the House* (Cambridge 1995), pp. 69 - 83.

④ 罗杰·内奇（1944—2010），新西兰人类学家、艺术史学家。——译者注

⑤ 古代建筑中装于屋顶以支撑屋顶盖材料的木杆，一般与梁垂直放置。——译者注

则象征着祖先的脊柱，两者纵横交会在一起，直观呈现了一个宗族当中干支的绵延不绝，这里的干支一般通过长子继承来延续。

到目前为止，这样一个充满仪式感的房子能否不被阐释为一个一般性场所，而是应该将其归入纪念性场所的范畴呢？阿尔弗雷德·盖尔（Alfred Gell）[①] 在一篇出色的分析报告中证明了事实并非如此。他表明，作为一个宏大且复杂的人造物，毛利人的会堂是一种力量的标志，这种力量是集体的、传承的，从本质上讲带有政治色彩。因为会堂就是这种来自“祖先的力量”的标志，它是面向未来的，所以他写到，祖先的躯体/会堂“不是一具尸体，也不是缅怀逝者的纪念馆”。当然，会堂的结构显然概念化了族群中同名祖先的身体，但是这个祖先，正如盖尔说的，“与其说在刻有他名字的会堂中被纪念，不如说以这种方式被复活”[②]。尽管毛利人的会堂建造极其复杂，但它仍然是一个记忆场所（而非纪念场所——译者注）。

（二）

或者我们也可以考虑把城市街道当作一个记忆场所的例子。由于难以控制，街道是一个可能爆发大规模冲突的区域，也因此可能会演变成一个特殊的政治性空间。在1830年法国七月革命期间，巴黎的街头架设了4000个路障；[③] 在大革命前的俄国，涅夫斯基大街（the Nevsky Prospekt）发展成为一个自由区域，在这里各种社会和政治力量都能自发成长；[④] 在欧洲中东部地区，1989

---

① 阿尔弗雷德·安东尼·弗朗西斯·盖尔（Alfred Antony Francis Gell，1945－1997），英国社会人类学家。——译者注

② 毛利人的会堂通常以祖先的名字命名，在会堂屋顶最高处通常有该祖先的雕刻面具。——译者注

③ W. Benjamin，*Charles Baudelaire: A Lyric Poet in the Era of High Capitalism*（Eng. tr. London and New York，1973），p. 15.

④ M. Berman，*All that Is Solid Melts into Air*（New York，1982），pp. 195－205，263，276.

年的示威活动也是发生在街道上。即使有时街道不是一个公开的冲突的空间，但它依然可能隐藏着危险的冲突和令人不安的记忆。在19世纪中叶，很多底层的无产阶级为了维持生计，成为流动的街头小贩；1851年，在伦敦街头售卖食品和饮料的小贩有三五千人，这些人也只是鱼龙混杂的街头群体中的一部分。除此之外，还有流浪汉、被释放的囚犯、骗子、扒手、拾荒者、修补工和乞丐，马克思称这些人是“被到处驱赶的不稳定的、支离破碎的群体”，梅休（Mayhew）称他们是“游牧的”或者说“流浪的”部落。[①] 记忆与在街道上的特定体验的性质有很大关系。19世纪，城市街道上这类群体的流浪状态引发了同时代人的广泛评论，因为之前人们可以把不同的街道体验定性为可悲的或者可喜的、田园牧歌式的或者讽刺性的，而现在街头的流浪状态使得之前对街道体验的分类不再那么清晰。现在的街道上，一个事物与另一个事物实际的相似性使街道体验的分类产生了不确定性，狄更斯[②]在他的作品中就突出表现了这种不确定性，即喜剧、悲剧、田园牧歌和讽刺之间的类型差异被打破。当然，在19世纪的街道上，还有其他更深层次的抗争被压制。现代性的理论家们，例如波德莱尔、本杰明和齐美尔，往往更关注男性在街道这个公共领域内的体验（而疏忽女性），对女性体验的这种疏忽，如果仅仅只是疏忽的话，就等于默认了女性被限制在私人领域内。对于一

---

① K. Marx, in *Marx-Engels Selected Works* (Eng. tr. London, 1951), Vol. I, p. 267; H. Mayhew, *London Labour and the London Poor*, 4 vols. (London, 1851 – 2), Vol. I, p. 2. See also P. Stallybrass and A. White, “The City: The Sewer, the Gaze and the Contaminating Touch”, in *The Politics and Poetics of Transgression* (London, 1986), pp. 125 – 48. ——原注

亨利·梅休（Henry Mayhew, 1812 – 1887），英国作家、新闻记者，以其在维多利亚时代对伦敦社会下层阶级的调查和描写而闻名。——译者注

② 查尔斯·狄更斯（Charles Dickens, 1812 – 1870），英国作家。——译者注

些人来说，也许在街道这个公共空间里会感到十分自在，街道彷佛被其私有化了，他们可以在街道上观察人群、自由漫步或者驻足凝望。比如波德莱尔，街头商铺的各种标识对他来说，就像会客厅里的油画对小资阶层一样，是颇有吸引力的墙面装饰品；或者像狄更斯，当他游走在日内瓦湖畔时，竟也怀念起了热那亚（Genoa）①，他曾在晚上借着灯光，在那条两千米的街道上四处游走。这样做的男人成了闲逛者（flaneur）②，而这样做的女人则成了街头拉客的娼妓。左拉（Zola）③ 在《小酒店》（*L'assommoir*）中，想象了一个工人阶级女性对林荫大道的看法。面对富丽雄伟的街道，她（吉尔达——译者注）感到自己愈加渺小，她无法自在地站在街头，整个人都不知所措，根本无法将这种体验融入她的日常记忆，也无法让自己成为街道上其他人记忆的一部分。④

在城市居民的记忆中，当侵略军占领城市街道的时候，他们也会有感到渺小和无助的时刻，就像在1940—1944年间发生在巴黎人身上的那样。当时，罗伯特·杜瓦诺（Robert Doisneau）、罗杰·帕里（Roger Parry）和罗杰·沙尔（Roger Schall）⑤ 拍摄了一些震撼人心的照片，展示了当时被占领的巴黎。照片中在巴黎最宏伟

① 位于意大利西北部，是意大利重要的海港城市，也是热那亚省的首府。——译者注

② flaneur，法语，原指生活艺术中的漫不经心，后来引申为“闲逛者、游荡者”。——译者注

③ 埃弥尔·左拉（émile Zola，1840－1902），19世纪法国最重要的作家之一，自然主义文学的代表人物。《小酒馆》描述了洗衣女工吉尔达由于环境和家庭的困境，最终被逼入社会底层进而走向毁灭的故事。——译者注

④ On the impossibility of the flaneur as a Woman see J. Wolff, *Feminine Sentences: Essays on Women and Culture*（Berkeley and Los Angeles，1990）.

⑤ 罗伯特·杜瓦诺（1912—1994），法国一代摄影大师，摄影作品以纪实为主；罗杰·帕里（1905—1977），法国摄影师，生于巴黎，师从莫里斯·塔巴德；罗杰·沙尔（1904—1995），法国摄影师和摄影记者，在第二次世界大战期秘密记录了纳粹占领巴黎的情况。——译者注

的街道上到处都是德国士兵，路标上满满都是哥特体的文字，这些照片所展示的被压迫的情形根本无法让人忘记。

除了作为一种特殊的政治空间，最好的街道是那些能够让人记住的街道。当你想到一座城市，不管是你所在的城市还是其他城市，你很可能会想起某条特殊的街道，那条街道曾给你留下深刻的印象。就像维也纳的环城大道（the Ringstrasse），它之所以令人难忘，可能是因为它让一个城市或者一个区域井然有序，通过划分边界让你知道自己所在何地。或者就像罗马的朱伯纳里大街（Via dei Giunnonari），还有哥本哈根的斯特罗里耶步行街（Strøget），它们之所以令人难忘，可能是因为它们就如同一根脊梁骨，是周边区域的中心结构，像一段空间叙事，有明确的起点和终点。再或者像圣彼得堡的涅夫斯基大街（Nevsky Prospekt），亦或者从罗马的人民广场（Piazza del Popolo）延伸出的三条街道，其中科索大道（Via del Corso）是中间的一条，它们之所以令人难忘，可能是因为它们让一个城市有了焦点。或者进一步说，让你难忘的可能不是哪一条具体的街道，而是一种特定类型的街道，比如新奥尔良的法语区[①]、阿姆斯特丹的运河一带，或者博洛尼亚（Bologna）[②] 的众多拱形长廊，当地人称之为“拱廊街”。无论是一条街还是几条街，它们之所以让人难忘，最重要的是，它们提供了一种格式塔，带来了秩序和焦点。[③]

但是，以这种方式思考街道就像静默的观察者从远处观望，或者从高处眺望，抑或从地图上识别地形。这忽略了一个事实，

---

① 新奥尔良是美国路易斯安那州南部的一座海港城市，作为历史老城区，法语区是当年法国人到新奥尔良定居后的聚集地，区内有不少法式风格的建筑。——译者注

② 意大利城市，多拱廊建筑，有“千拱之城”的美誉。——译者注

③ A. B. Jacobs，*Great Streets*（Cambridge，Mass.，1993）.

那就是街道之所以令人难忘，不仅仅是因为它提供了一种格式塔，更是一种特定的同化节奏，让街道和街道上的体验变得难忘。每一条美好的街道都能吸引人去散步。它一定是一条安全路线，人们不用担心过往的车辆，可以用不同的速度散步，比如可以是那种十分悠闲的步调，散步的同时既不会感到太拥挤也不至于太冷清。你可能会想到巴塞罗那的兰布拉大街（Las Ramblas）①，那是一条绿树成荫的宽敞大道，在那儿，步行道被优先置于道路中间，这为整条街道定下了基调和节奏；或者巴黎的圣米歇尔大道（Saint-Michel），白天商店前面的桌子上摆放的书籍，或者架子上放着的待售衣物，无时无刻不在吸引着行人的注意，让他们放慢了自己的脚步。为了调整下步伐，你可能会在这条美好的街道上找个地方休息一下，比如小广场、公园或者仅仅是一片空地。特别是那种窄窄的或者很长的街道，会有这样供行人休憩和作为参照点的驻足之处。在圣米歇尔大道、兰布拉大街和哥本哈根步行街上有很多长椅，甚至就是像这样的长椅让人们也能够驻足街道，从而营造了共同生活的社区。

我们绝不应该低估交叉街口的重要性。这里有各种各样的不期而遇，有邂逅，也有令人略微尴尬的相见。一个城市的街道生活就是在当地人经年累月的相互联络中形成的。你可能从街上的杂货商那里得到了建议，或者你可能会在酒吧前停下来喝杯啤酒，又或者你可能在这里碰见一个有段日子没见过面的人，然后交流点相关信息。这些事本身可能是微不足道的事，但它们加在一起可就不是微不足道了。大多数接触是偶然的，并不是私下联

---

① 兰布拉大街宽约30米，宽阔的步行道位于大街中央，机动车道则被置于两侧，而且宽度仅能通过一辆车。——译者注

络好的，当地人在公共场合的这些接触一起构建了一个公共信任的网络。当我们谈到许多地方性事件的最终走向时，与公共信任网络的空间隐喻不无关系，因为在这里空间布局就是肇因。行人路线的交叉和再交叉取决于街道交叉口的间距。简·雅各布斯（Jane Jacobs）注意到一个事实，当街道交叉口彼此之间相距较远时，即使有路线交叉，人们也不会形成一种社区意识。[①] 由于街区太长，人们之间相距很远，因此无法形成可供他们交叉使用的相对复杂的城市资源。长长的街区会自动使人们选择不同的路线出门，因此根本不可能经常遇到彼此，不同的路线貌似离得很近，但当在地图上仔细观察时，你会发现它们彼此之间是相互隔开的。我们可以思考下威尼斯和加利福尼亚的尔湾（Irvine，California）之间的不同。[②] 在威尼斯的大运河上，每隔 23 米就会有与河道相互交叉的人行步道；而在尔湾商业区的主干道上，每隔 201 米你能找到的交叉路口不太可能会超过一个。前者缔造了社区，而后者则让人感觉不到社区的存在。在城市的街道布局中，街道交叉口的数量对于都市生活的质量和居住者的都市生活记忆有至关重要的影响。街道网络之所以被称为所谓的社会记忆文本，部分原因就在于街道交叉口在整个城市街道布局中分布的方式。一个城市的街道网络赋予街道交叉口的意义越丰富，街道之间就会联系得愈加紧密。低估街道交叉口的意义就无法认清市民记忆的价值。

尤其要注意的是，没有什么比城市的街道布局更具有不可塑性。一个城市的整体住房体系，这里说的不是那种独立房屋，是一

① J. Jacobs, The Death and Life of Great American Cities (London, 1962), pp. 191 – 9; see also A. B. Jacobs, Great Streets, pp. 37, 48, 53 – 5, 143 – 4, 161, 195, 202, 302.

② A. B. Jacobs, *Great Streets*, pp. 221 – 2, 259 – 61, 302.

个城市中的永久性大规模建筑。随着时间的推移，一个区域内的独立房屋可能会发生变化，但一个城市的住宅区往往可能存续几个世纪。法律关系和产权问题对于住宅的变化带来了无形阻碍。仅仅是拓宽一条街道，就需要拆除街道两旁的房子，或者至少也要拆除一侧的房子。即使有时候轰炸已经摧毁了所有的地面建筑，城市规划者们也不得不按照原来的布局重新规划。与任何其他组成元素相比，城市规划是最难改变的。人们可以去研究城市基本布局、街道布局的持续性，就像可以去研究族谱关系网的持续性一样。罗西（Rossi）分析指出了这种形态上持续性的概念，他认为，如果在一张照片中同时再现路易十四时期、路易十五时期、拿破仑一世时期和奥斯曼男爵（Baron Haussmann）① 时期的巴黎，得到的复合在一起的照片就是今天的巴黎。② 它是康森（Conzen）研究工业时代英国城市形态的指导思想；③ 它影响了拉韦当（Lavedan）对都市化历史的研究；④ 它对于普埃特（Poète）研究巴黎从诞生到20世纪的城市生活的四卷本巨著也至关重要。⑤ 普埃特认为，尽管规划的属性不同了，但实质上它并未被取代，城市往往保留原来的发展

---

① 乔治-欧仁·奥斯曼男爵（Baron Georges-Eugène Haussmann，1809－1891），法国政治家，主持了巴黎历史上规模最大的改造活动。——译者注

② A. Rossi, *Architecture and the City*（Eng. tr. Cambridge, Mass., 1982）, p. 142.——原注

阿尔贝托·罗西（Alberto Rossi，1942－），意大利建筑学家。——译者注

③ M. Conzen, "Zur Morphologie der Englischen Staat im Industriezeitalter", in H. Jäger, ed., *Probleme des Städtewesens im industriellen Zeitalter*（Cologne, 1978）, pp. 1－48.——原注

迈克尔·康森（Michael Conzen，1907－2000），英国地理学家、城市形态学派创始人之一。——译者注

④ P. Lavedan, *Histoire de l'urbanisme*, 3 vols.（Paris, 1926－52）.——原注

皮埃尔·拉韦当（Pierre Lavedan，1888－1951），法国城市规划师、地理学家和城市学家。——译者注

⑤ M. Poète, *Une vie de cité. Paris de sa naissance à nos jours*, 4 vols.（Paris, 1924－31）.——原注

马塞尔·普埃特（Marcel Poète，1907－1990），法国城市规划师和建筑师。——译者注

轴线，保持原有的城市布局。奥斯曼男爵打造的宽敞大街、林荫大道、公共建筑、公园、广场，甚至包括城市的排污系统，让人们感觉巴黎似乎一直都是这个样子。他在 1870 年规划的街道体系在近一个世纪都很好地服务了巴黎这座城市，只是在第二次世界大战以后，随着汽车的大量出现，这些街道才开始变得拥堵。尽管汽车取代了马车，电灯取代了煤油灯，又新建了埃菲尔铁塔和圣心教堂（Sacré-Coeur），但是，任何一个熟悉 20 世纪 50 年代的巴黎的人，都不会对 1870 年奥斯曼男爵缔造的巴黎感到陌生。[①]

三

（一）

作为一种文化记忆的载体，纪念性场所与一般性场所的区别是什么？这其中很重要的一点就是两者与文化遗忘过程的关系不同。

诚然，许多纪念性场所都是强大的记忆之地。不过，它们实际产生的效果具有很大的不确定性，因为纪念的欲望往往是源于文化遗忘的威胁和由此产生的恐惧。

在机械复制时代，物品以前所未有的速度更迭，许多欧洲人将自己的精力投入一种纪念文化中，他们建立了众多的公共博物馆，其规模前所未有。一个接一个的欧洲国家制定了新的法规来保护历史遗迹，[②] 而同时博物馆则负责抢救、收集和保护那些沦为现代性的创造性破坏的牺牲品。[③] 同样，当一个国家觉得自身

---

① D. H. Pinkney, *Napoleon Ⅲ and the Rebuilding of Paris* (Princeton, 1958).

② M. C. Boyer, *The City of Collective Memory* (Cambridge, Mass., 1996).

③ A. Huyssen, "Escape from Amnesia: The Museum as Mass Medium", in *Twilight Memories: Marking Time in a Culture of Amnesia* (New York, 1995), pp. 13 – 35.

不会再创造宏大的、真正令人难忘的历史时，它就会转而自己去培育这样的纪念物。1918 年的欧洲满目疮痍，1945 年的欺骗性胜利标志着欧洲霸权的结束，1956 年和 1962 年英国和法国对世界舞台的影响也分别被终结。在这之后，伴随一个国家从超级大国到中等国家（至多）的过渡，一种自我怀疑油然而生，这导致了英国的怀旧政治，也让这些国家开始纷纷尝试从民族层面定义自己，其中诺拉的《记忆之场》本身就是这样的一种纪念物。①

正如皮拉内西（Piranesi）② 在 1756 年为他的四卷本《罗马古迹》（*Antichità Romane*）所作的序言中明确指出的那样，当他看到古罗马空间在他眼前散落成一片片废墟时，他就想到了一个宏伟计划，那就是要重现古罗马的威严。③ 当他第一次看到古罗马建筑的残垣断壁散落在耕地或者花园里，在时间的蹂躏下一点点消失殆尽，或者被贪婪的业主出售后当作现代建筑的材料，他就决定要通过蚀刻来永远地保存它们。然而有时也会有这样的情况：有些曾经令人记忆深刻或者令人生畏的空间地标，在它们消失的那一刻瞬间变成了纪念物，就像柏林墙被推倒之后，马上有数千人挤上前去，想要拿一块属于这个地标建筑的碎片。这些人之所以拿碎片，就是想在将来通过这块有形的实物，能够回忆起因为被推倒的柏林墙而消失不见的过去，正是在这一刻，柏林墙作为冷战的象征已然成为一个纪念物。④ 人们想要建造大屠杀纪

---

① P. Nora, ed., *Realms of Memory*, 3 vols.（Eng. tr. New York, 1996 - 8）.

② 乔瓦尼·巴蒂斯塔·皮拉内西（Giovanni Battista Piransei, 1720 - 1778），意大利著名的画家、建筑师和雕刻家，其创作的巨著《罗马古迹》包含了数百幅描绘古罗马废墟的蚀刻版画。——译者注

③ T. Cooper, "Forgetting Rome and the Voice of Piranesi's 'Speaking Ruins'", in A. Forty and S. Küchler, eds., *The Art of Forgetting*（Oxford and New York, 1999）, pp. 107 - 25.

④ S. Küchler, "The place of memory", in A. Forty and S. Küchler, eds., *The Art of Forgetting*（Oxford and New York, 1999）, pp. 53 - 72.

念馆，实际上就是默认了一个事实——那就是大屠杀的幸存者，那些真正记住了大屠杀的人即将永远地离去，这一刻我们又一次意识到了纪念和过去消逝的那一瞬间这一时间节点有紧密的联系。只有这些幸存者能够记住焚烧人肉的味道，正如西班牙作家豪尔赫·桑普伦（Jorge Semprun）所写的那样："再也不会有人真正记得那种味道，它终将退化为一个词语、一个典故、一种味道的观念而已，而我们离这一天已经不远了。"①

纪念与遗忘之间的关系是相互的：遗忘的威胁催生了纪念馆，而纪念馆的建设也带来了遗忘。如果我们要记忆的所有事物都被放置于纪念馆中，那就相当于我们摒弃了记忆的责任和义务，因为纪念馆让我们记住的只是一部分事物，而没有被囊括进纪念馆的事物都被遗忘了。纪念馆让我们记住了过去，其实也让我们遗忘了过去。战争纪念馆尤其是这样。它们掩盖了人们在战争中真正的生存方式：在这里有专门设计的士兵的形象，这样的展览实际上是对暴力和侵略行径的否认。士兵死亡的方式被掩盖了，鲜血、空中炸飞的身体碎片，还有几个月都无人埋葬的恶臭尸体，所有这些都被抹除了。它们掩盖了战争的意外性，因为需要安慰人们，让他们觉得过去的一切行动都是有意义的，即使实际上很多毫无意义可言。它们也掩盖了人们的幸存方式。有太多人的生活毁于第一次世界大战：据国际劳工组织估计，当时在德国、奥地利、英国和法国，有大约1000万名士兵露宿街头。关心战争伤员得不到任何回报，所以也常常没有人注意他们，因此数以百万计的伤员家庭得不到他们需要的物质援助。每年人们都会纪念战争中的死难者，却将那些因战争受伤或致残

---

① J. Semprun，*Literature and Life*（London，1998）.

的人抛掷脑后。[①] 战争中幸存的伤员和遗留的寡妇之所以一贯被遗忘，是因为他们所拥有的记忆是不合时宜的。不过，我们总是无休止地、虚伪地将那些无法接受的事情以一种可接受的形式灌输给自己。在20世纪二三十年代的德国和中欧，大规模的体操表演非常流行，它整齐划一地向人们展示着健美、年轻和强壮的躯体。与此同时，这实际上是在全面否认一个事实，即1000万名伤残的战争幸存者正在欧洲的街道上四处游荡，他们肢体残疾，很多人长期抑郁、酗酒成性，常常为了生存而在街上乞讨，不少人最后以自杀的方式结束了自己的生命。注意到这个群体就已经让人深感不安了，更不用说去反思他们的处境。他们自己除了每天对镜自怨自艾，也是别无他法。对于其他人来说，看到这群人其实并非让人不快，而是让人难以理解。因为每年在战争纪念馆举办的仪式中，常常念到的——“永志不忘”——说的并不是他们。

（二）

相较之下，一般性场所对于记忆的指向十分模糊，那到底是什么让它成为一种有效的文化记忆载体呢?

在历史上一种特殊的文化类型中，即在机械复制时代之前的世界里，我们可以找到部分答案。在手工制造的时代，所有的东西都是一个接一个靠手工制造出来，那时的世界是慢节奏的。只有当我们凭借想象，进入这样一个一切都靠手工制作的世界，我们才能理解在19世纪以前自然景观和都市景观形成的缓慢过程。在欧洲规模较大的城市，修建城墙和大教堂通常是延续几代人的大事。正如房子属于一个家庭历史中的一部分，

---

① J. Winter, *Sites of Memory*, *Sites of Mourning* (Cambridge, 1995), p. 46.

一个宏伟的市政建筑工程也是城市居民集体历史的一部分。例如，科隆（Cologne）[①] 第三面城墙始建于1180年，但直到1210年才竣工。[②] 从1529年第一次维也纳之围到1683年维也纳之战，这座城市的城墙一直在不断加固。[③] 佛罗伦萨的第六道城墙是为展示政治权力而建，它长约8500米，宽近40米，设有73座塔楼和15个设防的城门，从1284年一直修到1333年，历时近半个世纪才竣工。[④] 几乎每个城市的大教堂都花费了50年甚至更长的时间才完成，这样的大工程在几十年的时间里都是数百名泥瓦匠、石匠和雕刻家的工作重点。即使到了今天，米兰人还会称他们的大教堂为“圆顶工厂”（la fabbrica del dôm），这样的表达可以让人们了解大教堂建设的规模之大和难度之高以及耗时之久。在手工制造的时代，“建造”一词不仅指向对最终“产品”的记忆，也指向了对持续的、代际传递的建造过程的记忆。

不过，在不同类型的历时场景中，一般性场所也都可以作为文化记忆的有效载体。

在某种程度上，这是因为它的“编码”（encoding）能力。在这里，我们需要区分两种类型的编码，一种是有意的编码，对它的分析显然会受到符号学的影响；另一种是自然积淀下来的传统的编码。对于后者，尽管我们可以在眼前的建筑中看到这种编码，因为负责建筑的人就是以编码的方式建造了它，但他们只不

---

① 德国的第四大城市，仅次于柏林、汉堡和慕尼黑，位于德国西部莱茵河畔。——译者注

② W. Braunfels, *Urban Design in Western Europe: Regime and Architecture* 900 - 1900 (Eng. tr. Chicago and London, 1988), p. 25.

③ W. Braunfels, *Urban Design in Western Europe: Regime and Architecture* 900 - 1900 (Eng. tr. Chicago and London, 1988), p. 295.

④ W. Braunfels, *Urban Design in Western Europe: Regime and Architecture* 900 - 1900 (Eng. tr. Chicago and London, 1988), p. 50.

过是遵循着传统的做法，许多英国乡村的房屋就是这样。或者，例如在19世纪的美国商业区会有更进一步的具体分区，如果你想找纺织品，你就去纺织区走走看。但是这种分区只是空间布局的一种形态，它是随着时间推移而慢慢发展出来的，不像米尔顿·凯恩斯（Milton Keynes）①，这种分区不是人为规划出来的。

从严格意义上来讲，对建筑物进行编码的方式是明显不同的。我们可以明确地说②，人们以那种特定的方式建造是因为他们以那种特定的方式思考，而他们之所以以那种特定的方式思考，是因为他们以那种特定的方式建造。建造出来的空间与文化规则之间是相互关联的，因为二者都表明了我们可以跟谁交流、如何交流、何时交流以及在哪里、在什么条件下交流。如果我们遇见以前见过的一个人，却一时认不出来是谁，这大多是因为我们碰巧遇见他的这个地方并不是我们通常遇见他的地方。我们之所以在一开始认不出来，是因为在那一刻我们和他们都暂时"不在位"（out of place）。当我们遇到他们的时候，他们恰巧在地形编码的空间以外，这里所谓的地形编码空间就是我们习惯将他们与之关联在一起的空间。一方面，地形如何编码和我们的居住模式有关，比如我们有公共休息室、餐厅、客厅和书房的区分；另一方面，一些特定的建筑结构也会直接表明建筑的类型，比如教堂、火车站、医院和餐馆等。有时候，一些术语既可以指代空间本身，又可以指代空间的用途，比如法庭和合唱团等，它们既指向作为场所的空间也指向一个机构。那些一般意义上比较抽象的

① 位于英格兰中部，是一座基本从零开始规划建设的城镇，也是英国新城镇建设的成功典范。——译者注

② U. Eco, "Functionalism and Sign: The Semiotics of Architecture", in M. Gottdiener and A. Lagopoulos, eds., *The City and the Sign* (New York, 1986), pp. 56–85.

对立词——公共与私人、神圣与世俗、合法与违法——在有形的空间中会变得很容易理解。地形就是一种修辞，是一种在实践中行之有效的话语公式。

但是，当人们把地形作为一种修辞时，对于其所指代的内容是"知道"（known about）还是"熟悉"（known），这两者之间有天壤之别。一个旁观者对于一个都市建筑的认知总是不同于那些在生活中"经验"（live）着它的人所拥有的认知。因为有一些特定类型的体验，只有那些真正进入那个特定的建筑、街道或者区域的人才能感受到，只有他们在真切地"经验"着它。"经验"一个建筑物就是去占有它，把它变成自己的。当然，这里所谓的占有并不是把它变成个人财产或者所有物，而是说通过使它与自己的生活持续地融为一体，从而为我所有。这种为我所有，就像我熟悉自己的四肢，熟悉我自己的房子，熟悉我所在城市的道路、地标和街区，就像一个钢琴家熟悉他自己的钢琴。如果因为截肢我失去了自己熟悉的四肢，一个钢琴家因为失明无法再熟练地演奏钢琴，这将是一个令人心痛的灾难：因为我再也没办法去熟悉我的房子，我所在城市的道路、地标和街区，这实在令人痛心疾首。这种疏远将动摇我的存在感。正如梅洛－庞蒂（Merleau-Ponty）[①] 所说，我借助自己有生命的躯体去占有那些熟悉的地方，这种熟悉的感觉并不意味着我的躯体在客观空间中真实地占据一角，而是这些地方融入了我的日常活动和物质生活，给我带来一种安定感。

从这个意义上说，作为一种修辞的地形，它所指的"熟悉"既可以指文化上也可以指感官上。这种熟悉是文化上的，是指与

---

① 莫里斯·梅洛－庞蒂（Maurice Merleau-Ponty，1908－1961），法国20世纪最重要的哲学家、思想家之一。——译者注

这个地方之间的关系，并不完全甚至很大程度不是产生于与世隔绝的冥想时刻，而恰恰产生于其他人的陪伴或与其他人的共事过程中。这种熟悉涉及了多个感官，借用史蒂文·菲尔德（Steven Feld）一个很好的观点，这是因为利用感官去感知一个地方，你的感官也随之有了地域性，正如地方塑造感官的同时，感官也塑造了地方。[①] 所谓的地方感依赖于视觉记忆、听觉记忆和嗅觉记忆之间复杂的相互作用。例如，在博萨维（Bosavi）[②] 地区，正是当地的自然地理条件让这里回荡着一种具有特殊文化属性的地方感，这种地方感体现的是听觉记忆和知识，因为声音对于生活在热带雨林中的卡露力族人的生活体验非常重要。再比如，缺少了声音，无法想象那些在哥特式大教堂的生活空间中积淀下来的记忆会是什么样子，因为正是大教堂特殊的建筑结构带来了丰富的听觉体验。[③] 所以，在19世纪设计构造复杂的监狱时，如何刻意让犯人听不到声音，这一点至关重要，为此，他们对牢房的墙壁构造进行了细致而广泛的研究，目的就是让这些墙壁能够做到完全隔音。[④] 如此一来，通过剥夺声音达到了惩戒的目的。

当个体被安置于一个特定的地方，对这个地方的记忆就会滋生出相应的倾向性。如果生活在大城市中，我们可能会说，大城市生活氛围的主要特点就是人与人的互动形式以频繁的、多种多样的、未知姓名的、短暂的邂逅为主。但是我们应当注意，不能

---

① Feld，“Waterfalls of Song”，p. 91. ——原注

史蒂文·菲尔德（1949—），美国人类学家、音乐人。——译者注

② 位于太平洋西南部的岛国巴布亚新几内亚，该国境内多热带雨林，有同名的博萨维火山。——译者注

③ S. E. Rasmussen，*Experiencing Architecture*（Cambridge，Mass.，1959），pp. 226 – 30.

④ H. Tomlinson，“Design and Reform：The ‘Separate System’ in the Nineteenth-century English Prison”，in A. D. King，ed.，*Buildings and Society*（London，1980），pp. 99 – 100.

因为“生活氛围”一词而忽视了隐匿其中的“地方”，相反的，我们要将“地方”考虑进去，而且这里的地方要具体到一些特定的空间场景中，比如火车站。人们会对火车站有一种期待视野，认为那里就是通常会发生上述邂逅——那种频繁的、多种多样的、未知姓名的、短暂的邂逅——的地方。同样，当我们说到现代主义建筑，通常我们可能会把它们想成是办公大楼、百货大楼和会议中心这一类的“容器型建筑”（container architecture）。这种功能性“容器”的典型特点就是它们和周围的环境没有联系，但是我们应该思考的是，这样的建筑是如何让人们习惯于漠视我们建筑物周围的生态环境，让人们对这种生态的存在缺乏基本的认识和尊重。再或者，如果一则广告只是单纯的广告，没有任何多余的修饰，反而不能发挥其作为广告的功能。在过去一百多年的发展史中，广告经历了如下的发展轨迹，即从注重功能性到注重装饰性，从恪守明确、朴素的原则到恪守间接、绚丽的原则。就这样，广告在达到其终极目的的同时，我们的生活空间里也塞满了广告上的各种人工制品，这让人们普遍产生了一种多多益善的倾向性，时时刻刻期待着视觉上的眼花缭乱，并进而开始期待其他各种人工制品也是多多益善，久而久之，这已经成为人们生活的一种方式。正是通过这样的方式，当人们被安置于一个特定地方时，在这里形成的文化记忆就会再现这个地方特有的文化倾向性。

换句话说，我们本着实事求是的原则，将我们在一般性场所的经验与在纪念性场所的经验区别开来，这是理所当然的。从一定程度上说，纪念碑和工艺品有一些共同之处。我们一般认为一件工艺品，比如一幅画或者一座雕塑，它多多少少明确地对观者提出了一定的要求，即要想理解它，观者必须保持兴趣、集中注意力甚至要全身心投入。对于一幅精美的画作，只是用余光短暂的一瞥，我们无法对其做出公正的评价；一座战争纪念碑，如果我们完全无视它，那它就根本无法发挥它的作用。实际上，许多战争纪念碑经历的正是这样的情形。正如穆西尔（Musil）说过的那样，没有什么比纪念碑更容易被人们忽视。[①] 但是，当体验一个地点时，我们是漫不经心的，是在注意力分散的状态下体验它。如果我们总是有意识地想着它，就不是把它当作了我们随时能听得到或者看得到的一组实物场景，而是看作了对我们来说不太熟悉的东西。它是我们生活的地方，是供我们活动的地方，即使有时候在某种意义上我们忽略了它。我们仅仅是把它当作一种既定的生活事实接受了它，把它看作事物如何存在的常规。

这就是一般性场所的力量。之所以建设纪念碑，往往是由于人们有意要去纪念或者私底下出于对遗忘的恐惧，这也是为什么作为场所记忆的载体，一般性场所比纪念性场所更重要。

① 罗伯特·穆西尔（Robert Musil，1880－1942），奥地利小说家、散文家、剧作家与工程师。此处的引文“There is nothing more invisible than a monument.”出自他的文集《一位在世作家的遗作》（纽约，2006）中的《纪念碑》一文，第64—68页。——译者注

第三章　遗忘的时间性

现代社会的许多物质实践涉及文化遗忘的过程。要观察这一过程，我们首先要区分不同的时间性（temporality），这里所谓的时间性，指的是制度化的、组织化的时间安排，它对于构建一个人的时间体验至关重要。我想要区分的不同类型的时间性包括劳动过程的时间性、消费的时间性、职业结构的时间性以及信息与媒介生产的时间性。每一种时间性均涉及被压缩的历史和相应的文化遗忘形式。另外，还有两点需要进一步注意：其一，每一种时间性都会加强其他类型的时间性，从而令其彼此交织在一起，正是它们的共同作用产生了系统性的文化遗忘形式；其二，如果不理解空间维度，就无法理解所谓的时间性，因为空间维度是后者的组成部分和内在因素。

一

现代世界是庞杂的劳动过程的产物，然而首先被遗忘的就是劳动过程本身。当然，在某种程度上，这样说可能令人费解甚至有悖常理。资本主义让劳动时间变得无比明晰，充分利用一切可以利用的时间成为一切人类活动和技术产品的终极原则。对于人类来说，这样的时间规训意味着他们的时间永远不够用。而对于技术产品来说，这意味着只有机器适应了时间短缺的现状，它们才能在经济生活中"幸存"下去，这样带来的可以预见的后果就是，在信息密集型社会中它们能达到的速度远远超越人类的感知。因此，在资本主义社会形态中，资本家和工人毫不避讳地就劳动时间争夺彼此的控制权，双方处在一种显而易见的对立状态中，因此社会关系的一些特定形式是相当透明的。相比之下，变得不透明的则是对于劳动转化过程至关重要的时间形式。[①] 马克思认为，人类的劳动对于任何社会生产形式都极为必要，它是社会生活唯一的、永恒的条件；劳动是人类生存的条件，它调节着马克思所说的人与自然之间的"新陈代谢"。在《政治经济学批判大纲》中，他指出了劳动的时间性这一概念的本质含义：存在着一种目的性使得人类劳动充满活力，并由此有了方向性。他写道："劳动是有生命的、赋予形态的火焰；它是事物的转化，是它们的时间性，如同它们在有生命的时间中形成。"[②]

这些话简短隐晦，需要进一步解释。有些人类创造能力似乎没有留下任何明显的痕迹，或者即使留下痕迹也转瞬即逝，比如家务、烹饪等，然而还有些人类创造能力则留下了清晰可见的痕迹，即创造出了实物。在后面这种情形中，作为制造者的人类将自己的创造能力投射到了所制造的物品中。例如，一件大衣就是

---

① On working time see E. P. Thompson, "Time, Work-discipline, and Industrial Capitalism", *Past and Present*, 38 (1967), pp. 56–97.

② K. Marx, *Grundrisse: Foundations of the Critique of Political Economy* (Eng. tr. New York, 1973), pp. 360–361.

凝聚了人类创造能力的人造物，它的存在是为了满足我们取暖的需要。因为制造的物品各异，人类的投入也会不同，不过需要持续投入其中的就是创造能力。每天，我们都与无数这样的人造物打交道。通常这些物品不会带有个人签名，因此我们也无从得知或者推断出制造者是谁。但是，正如伊莱恩·斯凯瑞（Elaine Scarry）所说，这些人造物品会包含所谓的人为特征。[①] 尽管你在大衣上找不到制作大衣或者制作了其中一部分的人的名字，但是在接缝处或者领子里面可能会有一个标签，它会告诉我们制作者隶属于哪个公司，即使没有这样的标签，我们也可以从接缝和衣领判断出，这件大衣确实是由一个人或者几个人制做的。依照惯例，画家通常会在已完工的作品上签上自己的名字，以表明这是“个人”的创造行为，而社会上源源不断地制造复制品则是“非个人”的创造行为，正是两种行为之间暗含的这种对比才让签名这种象征性的实践具有了某种意义。

我们每天都会遇到这样的人工制品，但由于这些人工制品中很多没有体现人类创造力的接缝或者切割痕迹，我们也就很自然地对它们的来源一无所知。餐具、汽车、报纸、路灯、城市公园……当我们每天都在满是人工制品的环境中活动时，我们无法每时每刻意识到这些物品是人造的，但当我们行走在艺术馆的时候，我们却恰恰能意识到这一点。我们对这些物品有一种错误的感知，把它们当作了纯粹“客观”存在的东西。一旦物品脱离了制造者的双手，它就获得了马克思所说的“幽灵般的客观性”，

① On the idea of a “general human signature” see E. Scarry, *The Body in Pain* (New York and Oxford, 1985), pp. 311 – 314. ——原注

伊莱恩·斯凯瑞（1946—），美国散文家、哈佛大学英美文学与语言学教授。——译者注

从此开启了自己的命运。乍一看，一件商品似乎微不足道且能自给自足，商品变成了一种抽象存在。但一经思考，我们就会发现这样的一种抽象存在让人备感迷惑。随着更多的人工制品涌入不断扩张的大城市，我们对它们的误解可能也在成倍地加深。如果没有与周边腹地的各种联系，一个城市的存在是无法想象的。城市的市场作为一个空间节点，促成了广泛而复杂的交换关系，然而在促成这些交换关系的同时，却也让我们无法看清这些关系。如果我们生活在一个城市中，我们会在市场上购买商品和服务，与此同时，也就与那些我们看不见、不认识甚至想象不到的人和地方发生了联系。

虽然资本主义社会关系的某些特征显而易见，比如为了控制劳动时间长期斗争，但是，这些关系的其他特征并不明显，特别是整个劳动过程的时间性问题。当然，劳动过程的不透明性已经习惯性被人们称为“物化”。“物化”是拜物主义的一种形式，拜物主义就是将人的能力转化为“物”的属性，如技术发明、法律、修辞惯例，这些本是人类创造能力的实物体现，如今却看起来十分“天然”，也因此具有了“约束力”，我们已经无法正确理解其作为人造物的意义了。有的社会机制看起来似乎是依据其自身的独立法则进行运作，就像依据某种自然法则一样，而物化就是这种社会机制虚假客观性的体现，当劳动过程的结构化是通过剥削剩余价值的特定制度化形式（即利润）实现时，在这种特定的社会形态中物化就发生了。劳动时间的历时性过程才是具有根本改造作用的人类劳动过程，但它被交换价值的虚假共时性取代，劳动过程因此被遮蔽。关于物化，卢卡奇（Lukács）在《历史与阶级意识》论文中指出，资本主义生产过程就是对其自身的生产过程丧失记忆的过程。[1] 作为一种有组织的误识结构，它阻止人们回忆过去的生产过程，尽管其自身正是依靠这些生产过程得以存在并维持。为了揭开这层不透明的面纱，卢卡奇在马克思的研究基础之上，试图辨认出通常所谓的“商品形式”在整个意识中留下的痕迹。他的基本论点是，在商品生产的结构化过程中，那些确切的细节被人们遗忘了。换句话说，在这种特定的社会形态中，商品形式的源头即那些生产人工制品的机构成为文化健忘症的牺牲品。正是因为劳动过程被遮蔽，人们无法回忆起这种类型的社会是如何产生的，更重要的是，人们的意识已经无法再感知商品的生产。

如果马克思还有继他之后的卢卡奇、本雅明、霍克海默和阿多诺反复强调商品形式的这种令人迷惑的抽象性的话，当他们试图解释这一现象时，所使用的语言也一定往往具有一种必然的抽象性。这并非他们在语言上故意放飞自我，而是更多地说明了他们所面对的这个问题本身刻不容缓而又相对棘手。如果现在我们仅仅尝试着转换下语言的风格，去初步解释一个症候时，就会意识到这一点。尽管他们并没有提及这一症候，但他们的分析让我们注意到，它可以作为他们所分析的社会形态中的一个特别具有启示性的症候，这里我指的是侦探小说这一文学体裁。经典侦探小说在1890—1935年间发展到顶峰并非偶然，因为作为一种文体，它可以被解读为资本主义社会形态变得愈加不透明的征兆之一。正如弗朗科·莫莱蒂（Franco Moretti）所展示的那样，侦探

① G. Lukács, *History and Class Consciousness*（Eng. tr. Cambridge, Mass., 1971）, pp. 83－222. On the transformation of the diachronicity of the labour process into the illusory synchronicity of exchange value see G. Cohen, *Karl Marx's Theory of History: A Defence*, appendix 1（Princeton, 1978）.

小说的中心主题就是在乍一看下无法破译的社会场景中寻找线索。[①] 正如福尔摩斯反复对华生说的那样："你看到了，但你没有观察。"如果华生能够仔细观察，他不仅会知道金钱往往是犯罪的动机，而且能够解读出一些特殊线索，正是这些线索指引他最终找到犯下某一特殊罪行的人。他之所以能够做到这一点，是因为他成功追踪到了足以暴露一个人的不可消除的一些特质——只有那个人才可能留下的痕迹。正如在《博斯科姆比溪谷秘案》(*The Boscombe Valley Mystery*) 中，福尔摩斯告诉华生："奇特几乎总能提供一种线索。一种犯罪越普通，越不具特点，就越难查明。"在《身份案》(*A Case of Identity*) 中，他进一步阐明了这一观点，他说："打字机确实和人的笔记一样有个性。"侦探小说的目标始终是破译这些线索，以便厘清事情的原委。侦探故事的潜在读者总是被吸引着跟随情节的发展，只有做到这一点，侦探故事才能实现追求利润的动机。不过有一点很关键，那就是侦探总是在循环往复中寻寻觅觅，也因此，读者总是在故事中读到偷盗、诈骗和伪装的情节。在侦探小说中，金钱永远是行为的动机。然而这一文学体裁对于真正的生产即劳动过程保持了沉默，它并没有揭示出社会财富的真正来源是劳动力和工资之间的不平等交换。[②] 侦探在追查的过程中将种种线索相互关联，堪称记忆能手，最后成功侦破了罪恶的特殊根源，然而在这样的文学体裁中，作为金钱真正来源的劳动过程却被永远地遗忘了。这也解释

---

① See Carlo Ginzburg, "Clues: Roots of an Evidential Paradigm", in *Myths*, *Emblems*, *Clues* (London: Hutchinson Radius 1990), pp. 96 – 125. translated by John and Anne C. Tedeschi. ——原注

弗朗科·莫莱蒂（1950—），意大利文学史家、理论家。——译者注

② F. Moretti, "Clues", in *Signs Taken for Wonders* (Chicago, 1983), pp. 130 – 156.

了为什么侦探小说的鼎盛是资本主义社会形态变得愈加不透明的征兆。

不过，在解释劳动过程的不透明性问题上，我们以地方作为例子来分析再生动不过。一个特定的地方，以及那个地方的历史——正如威廉·克罗农（William Cronon）在辉煌的芝加哥历史中所展示的19世纪晚期的城市发展[①]——会让我们真切地感知到这种不透明性。在当时，芝加哥成为世界上最大的铁路中心枢纽，它作为纽带将东西部连为一体。芝加哥不仅是五大湖以南的东部铁路西行的终点站，而且以这座城市为起点各条铁路呈扇状分布向西部延伸。正如芝加哥一位铁路分析师说过的，西部的铁路从芝加哥启程，东部的铁路修到芝加哥。芝加哥成为一个交会点，东部的商品从这里运往西部，而西部的自然资源也经由这里运往东部。乡村居民在自己的土地上劳动，生产出的粮食、木材和牲畜被运往芝加哥，作为交换，他们得以购买从城市里来的各种制成品，而这些都是由芝加哥的批发商先集中装配，然后再发到城市的周边腹地和西部的农村小城镇地区。芝加哥的城市街道就是来自不同生态系统的产品聚集和交换的场所。

不透明？还有什么比这更透明吗？确实，在邮购目录中，所有你可能感兴趣的商品的相关信息都已经详细说明。你还可以从广告中了解到大都市及其腹地之间的联系、债务和信贷流动情况以及整个分销体系的结构。然而，你再仔细看看整个邮购目录的结构，在它的页面上，每件产品都是孤零零的，它只是顾客可能

---

① W. Cronon, *Nature's Metropolis: Chicago and the Great West* (New York and London: W. W. Norton Company 1991). ——原注

威廉·克罗农（1954—），美国著名环境史学者，代表作《自然的大都市：芝加哥与大西部》中译本于2020年由江苏人民出版社出版。——译者注

考虑购买的成千上万件产品中的一件。在确定购买一件产品后，对于顾客来说，没有必要再去考虑它产自哪里，是如何制造的，或者谁制造的，又或者购买它会给它的产地带来什么样的影响。顾客可以非常清楚地看到自己感兴趣的产品来自沃德（Ward）还是西尔斯（Sears）[①]。但是，以上所有其他的问题都止步于芝加哥。人们要想购买商品，只需查阅蒙哥马利·沃德公司的邮购目录，而不必费心去思考四面八方延伸的经济和生态网络。当一件商品沿着长长的批发—零售的关系链条流转时，它的自然根源以及人为了创造它所进行的劳动过程已经逐渐从人们的视野中消失了。商品流转的关系网被遮蔽了。

换句话说，它们被遗忘了。随着自然生态系统与芝加哥的市场联系越来越紧密，它们却似乎离芝加哥这个繁忙的城市越来越遥远。一方面，芝加哥让城市和乡村前所未有的紧密联系起来；另一方面它却遮蔽了自然系统对它的供养。芝加哥将正在建立的联系遮盖了起来。田地和谷物分开了，森林和木材分开了，牧场和食用的肉分开了。城市的市场越集中，服务它的腹地就越往外扩张，人们就会越容易忘记市场里买卖的东西来自哪里。这样一来，芝加哥市场交易的根源来自土地，这样的联系就越容易被掩盖，人们就很容易忘记这个城市的生活依赖于它周围的自然世界。

人们可能对商品化或商品拜物主义的提法感到不舒服，因为它只是掩饰了生产加工品和销售品的劳动，这实际上是个有

① 美国邮购业务的鼎盛时期出现在19世纪末20世纪初，蒙哥马利·沃德公司和西尔斯－罗巴克公司是当时邮购行业的先驱和主导企业，分别于1871年和1895年成立于芝加哥。——译者注

关“遗忘”的问题。事实上，“拜物主义”确实是个有争议的概念，所以还有诸如“错误的认识”（false consciousness）、“误识”（misrecognition）这样的观念来描述这一过程。或者，人们也可以简单地将其说成“无知”（ignorance），或者“神秘化”（mystification）的过程，布罗代尔（Braudel）[①] 就分析了中世纪晚期随着商业扩张所造成的这种相对“无知”的状态。但是基于以下的原因，我认为应该保留遗忘的概念。遗忘既可以是小到个人在日常生活中可能会发生的情况，也可以大到一个社会甚至一种文明可能会发生的情况。因此，我们谈社会层面的遗忘，其实暗示了两点：其一，存在着集体的表征，这些表征为所有有资格参与其中的人提供了一般知识；其二，这些知识正在逐渐丧失。

正如雷蒙·威廉斯（Raymond Williams）[②] 和约翰·巴雷尔（John Barrell）[③] 等人所强调的那样，城乡之间的隐晦关系将乡村包装为一种特定空间的同时，也将城市包装为另外一种类型的空间。当我们说到“乡村”（countryside）一词时，它包括了相对来说无人定居的土地。事实上并非那些居住和生活在这些土地上的人习惯性地将其命名为“农村”（the country），而恰恰是那些在这些土地以外生活和工作的人——业主、改良家、工业家、艺术家——这样命名它，在谈论它时，他们惯常使用的是一套“风景”（landscape）的语言体系。“风景”这个概念本身也是他们发明的。一旦仔细甄别就会发现，正是他们对风景概念的传统用法

---

① 费尔南·布罗代尔（Fernand Braudel，1902－1985），法国历史学家、年鉴学派的代表人物，代表作有《十五至十八世纪的物质文明、经济和资本主义》等。——译者注

② 雷蒙·威廉斯（1921—1988），英国文化批评家、文化研究的重要奠基人，著有《乡村与城市》《文化与社会》《漫长的革命》等。——译者注

③ 约翰·巴雷尔（1943—），英国研究 18 世纪以及 19 世纪早期的文学、历史与艺术的学者，著有《1730—1840 风景的概念与地方感》《风景的阴暗面》等。——译者注

让这一概念自身的含义得以清晰起来，它衍生并维持了所谓“局内人”和“局外人”之间的分裂。风景的概念蕴含了一种否定——对人类劳动过程的否定，也许这并不是它的本意。因为强调土地的视觉艺术特征，风景的概念意味着一种特权式的并且有局限性的观看方式，它提倡的是一种“局外人”的视角，同时佐证了“局外人”和“局内人”在土地上彻底分裂：那些和土地“直接”关联的群体与和土地“间接”关联的群体借助交换价值的形式彻底分裂。对于“局内人”即当地人来说，土地是他们使用拖拉机和轰鸣的机器进行耕作并赖以生存的地方。“自然”是他们进行农业劳作的物质基础，而为了与供应商和市场保持必要的联系，他们通常需要长途跋涉而且要花路费，因此“自然”在他们的认知里也意味着“偏僻”。但对于“局外人”，通常是媒体和艺术行业从业的人来说，土地是一个充满了有关自然的浪漫想象的地方，他们在自己的专业领域赚够了钱，而后撤到这里隐居避世。这些局外人把土地“解读”为一个浪漫的隐居地——这种对风景的“神秘化”，在英国人如何看待风景的历程中自然是十分突出的，正如威廉斯和巴雷尔对此的反驳——他们之所以有这样的态度，是因为他们看到风景的那一刻，误解就已经产生了：在这片土地上的农民和耕作，那些日复一日、年复一年的劳动，已经彻底从局外人的眼中消失了。劳动过程再一次被遗忘。[①]

以上是从城市到乡村，我们还可以将地方的概念进一步延伸，扩大到一个民族国家的土地，如此一来，我们会发现遗忘的过程再次出现。1882年，欧内斯特·勒南（Ernst Renan）在索邦大学发表的题为“什么是民族?”的演讲中指出，一个民族的最

① R. Williams, *The Country and the City* (New York, 1973).

根本特征就是其成员间的匿名性。一个民族就是一个大集体，其成员认同这个集体，但并不认识其他成员，在这个民族出现之前，与其他群体残存的联系往往变得越来越少且脆弱。他声称是法国教会了人类民族性这一原则，即一个民族依靠其自身而非依靠王朝才存在。最近，尤金·韦伯（Eugen Weber）已经详尽地说明了在19世纪80年代，法国并非像勒南认为的那样在文化上如此统一。[①] 在一系列的证据中，他引用了一篇发表于1836年的具有开创性意义的统计学论文，文章得出的结论是，法国有两个民族，二者以圣马洛－日内瓦线（Saint-Malo to Geneva）[②] 为界。现在这条假想线已经颇为人所熟知：在界线以北，农民人数少，吃得好，个子高，受教育程度高，住得好，征兵入伍相对容易；而在界线以南，农民吃得差，个子矮小，住得也差，接受征兵的意愿也低。这是在地理上将法国划分为两个部分，一部分是贫穷落后的法国乡村地区，剩下的不论是乡村与否都属于另外一部分。这样的划分在某种程度上是受到了现代性价值观的影响，如果法国要形成一个有凝聚力的民族共同体，就必须根除这样的价值观念。尤金·韦伯指出，在1880—1910年间即法兰西第三共和国的早期，法国发生了根本性的变化，这一阶段与其他时期一样重要，甚至比大多数时期更为重要，因为它影响了法国从传统到现代的过渡。他特别指出了三个变化：法国农民开始习惯服兵役；法国给数百万从未受过教育的人教授语言，

① E. Weber, *Peasants into Frenchmen: The Modernization of Rural France*, 1870－1914（London，1977）.——原注

尤金·韦伯（1925—2007），美国罗马尼亚裔历史学家。——译者注

② 圣马洛市位于法国西北部，而瑞士的日内瓦市在靠近法国的东南部并与其接壤，两个城市之间连一条线正好横穿法国。——译者注

以及包括爱国主义在内的主流文化价值观念；以往的偏远地区现在依靠公路和铁路能够与现代市场产生便捷的联系。因此，法国各地区在1910年的相似程度远超1836年。为了说明这一点，尽管尤金·韦伯对欧内斯特·勒南提出的历史进程的时间节点问题进行了修正，但还是提供了强有力的证据来支持勒南的基本观点。勒南断言，共同的失忆症，或者说集体性的遗忘，和共同记忆的诉求一样，对于我们今天所考虑的一个民族的概念来说是必不可少的，他说："'遗忘'，甚至可以说是历史性的错误才是形塑一个民族的关键因素。"① 尤金·韦伯让我们能够更准确地阐释勒南的观点中所包含的内容。在他所强调的那些变化中，我们绝不能低估公路和铁路等新的交通方式的重要性，正是它们将那些之前一直难以到达的地区与现代世界的市场联系起来。当农民向法国公民转变时，他们必须在一定程度上忘记自己过去农民的身份，才能了解自己的法国公民身份。而这种遗忘在很大程度上是劳动过程带来的多重影响之下实现的。

换句话说，当我们谈到一个地方，比如芝加哥、乡村或者法国，我们总面临一种风险，那就是忘记这些地方的地方性是在长期的劳动过程中创造的。它们的地方性曾经并且一直处在形成的过程中。一个地方的地方性总是包含在人们自己所讲述的历史当中，而且最根本的是，那些历史最初都是在劳动的过程中形成的。无论我们何时谈论地方，无论我们承认与否，都面临一个问题，那就是关于这个地方的形成史总是存在争议。因此，当提及一个地方的地方性时，我们就有可能因为把它从地方自身的历史

① Ernst Renan, *Qu'est-ce qu'une nation?* (Paris, 1882).

中抽象出来，而赋予其错误的本质。[①]

这种把地方性从其历史中抽象出来的做法其实是一种隐秘的习惯性反应，因为我们总是理所当然地从空间维度来思考一个地方，就像我们在地图上把它们标记为一个点或者一个区域，然后可以说它们就位于那里，或者说它们就延伸到那个区域。我们对一个地方的感知是经过这种空间映射过滤的，就像喝咖啡前要过滤咖啡颗粒一样。然而当我们想起一个地方，如果很自然地想到的是地图上的标识时，我们已经再一次陷入了遗忘的过程，因为在历史的进程中，创造地方的劳动要早于创造“地方空间映射”的劳动。即使是后面这种次一级的劳动，也包含了消除和遗忘的过程。要想理解这是怎么发生的，我们需要关注德·塞托（de Certeau）提出的“行程”（itinerary）和“地图”（map）之间的区别[②]。行程代表了一条或者多条特定的路线，有起点也有终点，它告诉你如何从一个地方到另外一个地方。地图则代表了一个地区，它无关起点或者终点。佛罗伦萨人在托勒密体系（Ptolemaic System）[③] 中发现了可供利用的制图方法，这使他们可以根据所期待的艺术中的几何美学原则来收集地理知识，然后借助稳定的数学坐标，将原来无比分散的各个地方，按照彼此之间的位置关系在地图上精确地标示出来，这样一来，等比例缩小的间距也变得清晰可见。15—17 世纪正是现代科学话语诞生的时期，彼时的地

---

① D. Harvey, *Justice, Nature and the Geography of Difference* (Cambridge, 1996), pp. 306 – 10.

② S. Toulmin, *The Philosophy of Science* (London, 1953), pp. 121 – 3. ——原注

米歇尔·德·塞托（Michel de Certeau, 1925 – 1986），法国耶稣会神父、哲学家、神学家和历史学家。——译者注

③ 克罗狄斯·托勒密（Claudius Ptolemaeus，约 90 – 168），古希腊数学家、天文学家、地理学家和占星家，在天文学和地理学等方面造诣颇高，提出了著名的宇宙地心体系，并利用投影法将球体表面绘制在平面上，解决了世界地图绘制的关键问题。——译者注

图所代表的不是一条等待行进的“路线”，而是一种有关地理知识的“状态”，它曾是探险旅行的成果，而如今它却从自己的参考框架中清除了在它诞生以前的这些旅行活动。以前的行程被抹去了，不过它们并不是一下子被抹去的。例如，早期的现代地图就经常是二者兼而有之，在其表面同时包含了两种不相兼容的表征序列。[①]（地图上的——译者注）叙事角色的增加，比如船只和动物，表明了旅行仍在进行，这是后来绘制地图的先决条件。画在海上的航船表明了是在海上探险，这也使得后来绘制海岸线成为可能，这时的地图仍然是一个指向旅行和探险记忆的符号。但是，这些“记忆的痕迹”被逐渐抹除了。地图诞生于人类的劳动实践过程，然而那些代表着人类劳动实践过程的形象画却从地图中被删除了。地图构建的新空间是抽象的、同质化的和普遍的，地图绘制的特点正是要抹除——遗忘——行程。

人们倾向于遗忘创造一个地方所需要的劳动过程，这一点很普遍。这种遗忘在一些颇受欢迎的说法中体现得淋漓尽致，比如人们会谈及“地方的力量”（the power of place）或者“精神的场所”（genius loci）。这样的说法是在暗示地方——比如城市、社区、特定的地方、特定的区域——拥有了独立于其创造者的因果力量，拜物主义在这里又一次出现了。然而，地方从来都不是一个固定不变的空间实体，而是一个始终在转变的社会进程。正如大卫·哈维（David Harvey）所强调的，我们应该思考的是在劳动过程中，主体为什么，通过什么方式，又在什么意义上，通过共同协作对地方进行经济和情感的双重投入，并在这样持之以恒的努力下，让其成为一个具备制度化权力和提供独特文化感知的场所。

---

① M. de Certeau, *The Practice of Everyday Life*（Berkeley, 1984）, pp. 121 ff.

马克思和他之后的学者通常使用专业术语来谈论遗忘的过程，就像他们写拜物主义或者物化一样。在解释他们对文化现象的诊断时，他们诉诸修辞性的语言，所使用的隐喻大多来自和视觉感知相关的习惯用语。比如，他们会提到不透明、闭合、遮蔽、缺乏透明度或者难以辨认这样的字眼。几乎可以肯定的是，他们之所以偏好这样的视觉意象，归根结底是认为视觉在所有感觉中占据着十分独特的地位，古希腊哲学家们早就言明了视觉的崇高性，随后这一信念又经几代西方哲学家一再重申。他们认为，在某种重要的意义上说，自己的活动就像一个人拿着镜子以期直视事物的本质，为了尽可能准确地感知事物的真实本质，还要不停地用力擦拭那面镜子。① 正是基于这一理念，人们倾向于认为任何形式的认知错误或者认知扭曲都可以象征性地理解为视觉感知的不足，这种感觉上的缺陷被默认为诸如误解这类的代名词。尽管如此，马克思和他之后的学者也经常会提及遗忘，当他们把遗忘作为一个动词使用，当作“拜物主义”或者“物化”这些专业术语的同义词，或者当作视觉缺陷这种象征性语言的同义词时，他们非常清楚这里语言使用上的替换以及他们这样做的意图。因此，他们会写到，商品看起来似乎很神秘，因为人们忘记了它是如何被生产出来的；也会写到，人们忘记了利润来源于从人类劳动中榨取的剩余价值；他们会坚持一个事实，即制造加工品的人类机构被遗忘了；他们还会提请注意另一个事实，那就是，随着城市的市场越来越大，越来越集中，人们越容易忘记市场里被买

① H. Jonas, “The Nobility of Sight: A Study in the Phenomenology of the Senses”, in *The Phenomenon of Life: Toward a Philosophical Biology* (Chicago, 1982); R. Rorty, *Philosophy and the Mirror of Nature* (Princeton, 1979).

卖的东西的最初来源。因此，将最常被诊断为物化或者商品拜物教的过程重新描述为一种遗忘的过程，是相当合理的。事实上，阿多诺曾简明扼要地指出了这一点，他写道："所有的物化都是一种遗忘。"①

二

消费的时间性强化了文化上的遗忘。为消费而购买物品参与的是商品交换，而不是礼物交换。在马克思对商品交换的分析中，他认为商品交换让人们有了物化的概念，这实际上就是一种文化遗忘的形式。但他也认为，从历史上看，交换的实践是从透明逐步发展到不透明的，这种观点在一定程度上也有不足之处。它忽略了一个事实，即商品交换和礼物交换都是被编码的实践。礼物交换无论是作为一种前后相继的连锁反应，还是行动主体采取的策略性行为，都没有透明度可言。在两种情况下，礼物交换都需要解码为一种义务体系。然而，这两种不同形式的编码对记忆和遗忘的影响却是截然不同的。礼物交换所涉及的编码催生了一种文化记忆的形式，而商品交换所涉及的编码催生的则是一种文化遗忘的形式。

礼物交换会加强记忆，正如莫斯（Mauss）② 最早所认识到的那样，它建立在三重义务原则之上，包括给予礼物的义务、接受礼物的义务以及接受者回赠的义务。在一些文化中，拒绝送出礼

① M. and T. W. Adorno, *Dialectic of Enlightenment* (New York, 1972), p. 230.

② 马塞尔·莫斯（Marcel Mauss，1872－1950），法国人类学家、社会学家、民族学家，著有《礼物》《关于原始交换形式——赠予的研究》等。——译者注

物或者没能约请到收礼物的一方就等于宣战。一位部族首领有义务为他的女婿、女儿和家族中去世的人举办夸富宴（Potlatch）①。因此，每一个夸扣特尔（Kwakiutl）和海杜（Haïdu）② 的贵族都有中国文人或者官员的那种“面子”思想。相传，有一位伟大而神秘的部落首领，因为从不举办夸富宴而被认为“颜面扫地”。当夸富宴延伸到家族以外，面向的是一个氏族或者一个宗族时，举办方就更有义务和责任邀请各方来参加，这个时候能邀请到那些想来、能来并且实际上也会来的人来参加夸富宴活动就变得尤为重要。除了给予礼物，接受礼物也是出于一种义务。在一些文化中，接受礼物也是一个氏族或者家族的义务，例如当双方试图进行交易或者订立盟约时。正如一个人没法拒绝一个礼物，他也没法拒绝参加夸富宴，因为如果拒绝，就代表着他是害怕回礼。如果接受了食物的馈赠，那么接受者自然明白这个礼物所带来的负担。被约请的人之所以接受这一挑战，是因为对自己回赠礼物的能力十分自信。因为接受礼物的一方如果没有回赠，特别是在完全没有想到回赠的情况下接受了礼物，会让接受者显得低人一等，所以每一件礼物都是互惠义务体系中的一部分，涉及给予者和接受者双方的荣誉。莫斯发现，这种机制在不涉及市场交换的情况下将个人利益融入了文化体系，他意识到，礼物交换的循环体系对于亚当·斯密（Adam Smith）关于市场化的无形的手的论述是一种反驳。在结构化的交换中，礼物体系激励着每个人去合作，甚至在还

① 北美某些印第安部落的一种社会现象，在夸富宴上地方、部族首领或者部落贵族为了获取声望或者羞辱对方，故意在宾客面前大量损毁个人财物并且慷慨地馈赠礼物。——译者注

② 均为居住在北美太平洋西北沿岸的土著族群，其中海杜人又被称为海达（Haida）人。——译者注

没有市场体系的时候，礼物体系就已经在发挥作用，从这种意义上说，礼物体系在一定程度上弥补并完善着市场体系。

在礼物交换中，给予、接受和回赠的三重义务铸造了义务性记忆的链条，正是因为以履行义务的方式来完成礼物交换，记忆的链条也由此被加固。你可以从交换系统的视角来思考这种义务的履行，也可以从在这一系统内的行为主体的立场来思考，不过无论是哪一种路径，你最后都会意识到，正是礼物交换的方式强化了记忆。

如果你把礼物交换视为一个系统，你就会像马林诺夫斯基(Malinowski)① 那样，重点关注的是库拉（Kula)② 交换的循环，正是在这样的系统内，自命不凡的特罗布里恩群岛③（Trobriand)人与他们的附属部落，或者那些他们想把其变成自己附属的部落，交换臂镯或项圈等库拉物品。马林诺夫斯基发现，大约有 14 个岛群参与了库拉交换，形成了所谓的库拉圈：一般情况下，项圈按照顺时针方向传递，臂镯按照逆时针方向传递，每样物品在 2—10 年的时间里完成一整圈的传递，具体的时间长度主要取决于库拉圈内各岛之间交换的次数。

另外，如果你从行为主体的立场出发审视库拉交换，重点关注的就会是这些人如何策划库拉宝物传递的路线，并因此形成一个人与另一个人之间的互惠义务链，因为行为主体正是依靠这样的系统

---

① 布朗尼斯拉夫·卡斯帕·马林诺夫斯基（Bronisław Kasper Malinowski，1884 - 1942)，波兰裔英国人类学家和民族学家。——译者注

② 库拉是马林诺夫斯基在《西太平洋上的航海者》中描述的美拉尼西亚人的一种交易体系，库拉交换的核心是贝壳臂镯和贝片项圈的交换，同时也伴随其他礼物的交换以及物品贸易，由此形成一种库拉圈。库拉伙伴从上游得到臂镯，然后再交换给处于下游的库拉伙伴，项圈则完全按照相反的方向流动。如果把他们交换的连线想象成一个时钟，就可以看到项圈以顺时针方向被传递，而臂镯则以逆时针方向被传递。——译者注

③ 特罗布里恩群岛位于西太平洋新几内亚岛东南所罗门海，是巴布亚新几内亚的属岛。——译者注

来获取世俗的声望。这些路线通常带有之前的交换所留下的印记，比如一个人是因为之前收到了礼物所以才给出礼物，或者他给出礼物是因为想让某个人回赠他想要的东西，又或者他改变了原来拟定的赠予对象，把一个特别有价值的礼物改赠给另外一个人，因为他意识到原路线上的合作者没有后来新路线上的合作者重要，这样做自己会获利。但是有时，一个人也可能非常有魄力，敢于去开辟新的交换路线，在这种情况下，他会一直很清楚，他的族人时时刻刻都在关注并讨论着这件事，并且可能会有，或是大概率会有一个对手正与他争夺世俗的声望，那个对手也会观望事态的发展，如果一切都偏离了轨道，他就会非常高兴。所有这些交换都会被“记忆”。

因此，无论是从系统的角度还是从行为主体的角度来审视库拉交换，你都会警醒地意识到，礼物交换是生成文化记忆的动力来源。这种记忆的力量在商品交换中是匮乏的。进一步来说，在漫长的历史进程中，商品交换的一个特征变得越来越明显，如果能重点关注这个特征，就能够更清楚地发现商品交换中必然存在着对记忆的抹消。这一点就是，在商品交换中，消费的时间性越来越具备“商品审美化”的特点。

消费的时间性让人们把更多的注意力放在了即时感受上，这使得人们更加无法及时感知商品交换所固有的物化过程，文化诱导的遗忘就这样被消费的时间性强化。消费的时间性首先表现为“商品的审美化”。

当然，工业资本主义带来的商品审美化并不是一蹴而就的，尽管我们当下已如鱼得水般沉浸其中。在 1967 年出版的《景观社会》（*Society of the Spectacle*）一书中，居伊·德波（Guy Debo）写道：“在现代生产条件占统治地位的各个社会中，整个社会生活显示为一种巨大的景观的积聚。”[①] 但在19世纪的开端，在睿智的企业家眼里，这些现代生产条件还未成气候。在亚当·斯密1776年出版的《国富论》（*Wealth of Nations*）中，商品还根本没有被理解为一种审美现象，它仅仅被看作依照供需关系进行物品交换的一种形式，对于其涉及的分配结构人们并没有给予重视。商品交换被认为是资金流动的渠道，商品交换的过程被描述为类似自然法则的运作，正如斯密将它与人体血液的循环，又或者重力的作用机制联系在一起，他认为，每一种特定商品的市场价格就像受到重力作用一样，总是不断趋向其自然价格。一旦商品被生产出来，斯密认为，一切就都终结了。甚至他所选取的商品示例——钉子——也清楚地表明，他并不认为商品被审美的光环笼罩。

商品生产者和供应商的关注重点从使用价值缓慢地转移到了交换价值，诊断专家们看到了这一点，并作出了十分重要的概念性调整。马克思曾倾向于假设，在商品生产和其表征之间存在着一种二分关系，他把生产力和生产关系看作真实的场域，而对于神学的、法学的论证，还有古典政治经济学所赋予它的表征形式，他认为都是用来掩盖它的话语遮蔽手段。但是，19世纪的博览会让不少德国经济学家印象深刻，于是到19世纪末，他们提出了一个介于生产和其表征之间的术语，即所谓的“展览价值”（Ausstellungswert）。他们使用这个术语旨在表明，表征自身具有了一种生产力，并由此强调一个事实，即商品在其使用价值以外，凭借其外观得到了增值。[②] 商品审美化随后的发展最直观地

---

① G. Debord，*Society of the Spectacle*（Eng. tr. Detroit，1977）.

② R. Brain，*Going to the Fair: Readings in the Culture of Nineteenth Century Exhibitions*（Cambridge，1993），p. 14.

体现在了1968年5月来自“情境主义”的一句口号中——“商品是人民的鸦片”，更是佐证了这种观念转变的必要性。这句口号越来越清楚地表明，广告是商品的神秘化，并将其转变为一种通过突出而非隐藏其神秘性来公开宣扬拜物性的拜物教。广告与其说是“一个”商品的展示，不如说它纯粹是“商品拜物性”的展示。换句话说，马克思的商品拜物性至此已经被提升为具有更强大力量的神秘性。这一新近的历史发展在那种隐性广告的娱乐化实践中表现得最为明显，此类广告实践越来越多地故意炫耀产品的神秘符号学意义，这样一来，就刺激和煽动着观众与这种蛊惑之术形成共谋。在此种情形之下，旁观者被激励着去追踪并紧紧握着联结“表征”和“现实”的线索，事实上，却也一直被迫陷入疑问当中，不知道所谓的“真实”和“表征”是否依然可以有效地适用于两个不同的认知领域。

正是在19世纪的博览会上，对商品的关注重点逐渐从使用价值转移到了交换价值。1851年在水晶宫举办的博览会，因为展览空间有限，只放置了有限的参展成品，与此同时，人们又期待着出现前所未有的丰盈，这时候人们已经开始构想商品形式的审美化。但是，在展览会的既定空间内，今天对我们来说习以为常的景观社会，在当时还处于萌芽阶段。这一点首先体现在展览会的产品目录上，其注意力还完全集中在物品的使用价值上。① 目录介绍了大量相关样本，这些样本展示了来自世界各地的工业经营所需的原材料。例如，家具中使用的所有不同类型的木材，其相关信息均被详细列出，包括它们的商业名称、拉丁名称、原产地

① R. Brain, *Going to the Fair: Readings in the Culture of Nineteenth Century Exhibitions* (Cambridge, 1993), pp. 73 -4, 77 -9.

以及具体用途。这使得制造商、店主、科学家和工匠拥有了一种固定的共同语言，用这种语言他们可以互相谈论所处理的物品的用途。对于木材，还有无数其他类别的制造品，如管道、车轮、电线、钉子、螺丝、车轴、砖块等，重点都是其使用价值。这种对商品使用价值的强调在随后1867年、1878年以及1889年的博览会上，被一次次重申。其中，1867年的博览会设计了一个工业宫殿，里面陈列了各色工具、机械以及处在不同制造阶段的产品，而来自各个时代的工具展览更是“劳动史”的展览。1878年的博览会则突出了电力和摄影方面的科学进展。1889年的博览会设计了一个机械馆，这是一个长长的展廊，其拱形屋顶的跨度就有400英尺（约合122米），游客们可以一边坐在移动的高架导轨上，一边惊叹于旋转的车轮、叮当的铁锤和呼呼的齿轮所带来的视觉与听觉的盛宴。

到1900年，交换价值的审美展示已经占了上风。几个世纪以来，“景观”（spectacle）一词指的都是统治者举办的象征性仪式，以炫耀其对王国的占有，而到了1887年维多利亚女王加冕50周年之际，这个词却有了一种完全不同的含义，新的用法表明了对领土的占有，是通过工业制造的符号统治实现的。[①] 在1900年的巴黎世博会上，特罗卡迪罗（Trocadéro）广场上的印度展区布展的方式让人们想到了乐蓬马歇百货（Le Bon Marché）[②]，这充分体

---

① T. Richards, *The Commodity Culture of Victorian England. Advertising and Spectacle* 1851 - 1914（Stanford, 1990）, p. 113.

② 巴黎的第一家百货公司，成立于1852年。——原注

百货公司允许顾客入内边看边买，明码标价，它的出现改变了以往卖方掌握主导权的买卖模式。乐蓬马歇百货是世界上成立最早的百货公司之一，整个商场在1874年改建之后犹如1851年的水晶宫，1900年，乐蓬马歇百货更是以展馆的形态亮相世博会。——译者注

现了物质欲望和想象力欲望的最终结合。到了翁贝托·艾柯（Umberto Eco）[①] 在1967年参观蒙特利尔世界博览会时，包装已经变得比商品更重要，商品全面审美化得以确立。艾柯注意到，在物品的两种功能之间，一种是物品的主要功能，这是物品所具有的最直接、最基本的含义；另一种是物品的次要功能，指的是那些将物品塑造进符号系统的精神和语义联想，两种功能之间普遍发生了一种颠覆。这让他得出结论，在当代的博览会上，一个国家表达的不再是“看我生产了什么”，而是“看我是如何睿智地呈现我所生产的”。[②]

在19世纪的博览会上，物品的审美化还是在一个框定的空间内进行。那些负责景观的人自我膨胀，总是无法抑制地罗列出各种清单和数据，以证明景观越来越具有显著意义。随着展览规模越来越大，数据也随之攀升。1851年，万国工业博览会的规模对同时代人来说已经非常庞大，当时有来自34个国家的13937家参展商和6039195名参观者，不过很快它的规模就被超越；1867年巴黎世博会在占地41英亩（约合165802平方米）的战神广场（Champ de Mars）举行；1876年的费城国际博览会又以9982625名参观者和48英亩的占地面积再次超越了巴黎世博会；1893年，芝加哥在密歇根湖畔举办了世界哥伦布博览会，有21477212名参观者进入了长达580米的展览空间。[③] 而在这样的比赛中，像1900年的巴黎万国博览会那样问鼎冠军无疑才是最好的，这场规

① 翁贝托·艾柯（1932—2016），意大利哲学家、小说家和文化评论家。——译者注

② U. Eco，“A Theory of Expositions”（1967），quoted Robert Brain，*Going to the Fair: Readings in the Culture of Nineteenth Century Exhibitions*（Cambridge，1993），p. 196.

③ 此次博览会是为庆祝哥伦布发现新大陆400周年而举办，故名“世界哥伦布博览会”，有时也被称作“芝加哥世界博览会”。另，此处原文时间为1904年，经查证此次博览会自1893年5月开幕，至同年10月闭幕，特此说明。——译者注

模巨大的奢华盛会总共吸引了约 900 万参展商和各类官员以及 4800 万游客。正是在这次博览会中，许多参观者说他们发现很难将展览空间和巴黎的其他地方区别开来。[①]

这恰恰是重点所在，1900 年的巴黎世博会标志着一个历史时刻的到来，即商品的展览价值已经不能被框定在海德公园（Hyde Park）或者战神广场这样独立的空间内。随着界线被打破，国际博览会上的那些展览价值被逐渐融入了百货商店、商场、连锁店、电影院、邮购公司、广告牌这类景观，还有报纸、杂志、广播和电视里的不间断的广告当中，让人们的私人生活和公共生活都不可避免地被源源不断的过剩商品所包围，在包罗万象的媒介中，人们习惯了与各类商品打交道。在 2000 年的千禧年庆典中，1900 年那种巨型规模并没有出现，这一点是可以理解的。1900 年博览会的重点是巨型的展览空间，它几乎吞没了整个巴黎，一个世纪以后跟随其后的却是电视机屏幕上的微型空间。当下，在一个景观的符号学发展到极致的社会里，人们将无处不在的符号学放入 19 世纪的博览会这一特殊场域中，以前所未有的学识去审视它的起源。[②] 到 20 世纪中期，亨利·列斐伏尔发现，这种符号学是一套充满了集体性狂热情感的编码，这种狂热产生于“展示的

---

① 参考 Brain，*Going to the Fair*，pp. 9 – 10。——原注

② 关于 19 世纪博览会的研究，参考 R. W. Rydell，*Books of the Fairs: A Guide to World Fair Historiography*（Chicago，1992）；B. Schroeder-Gudehus and A. Rasmussen，*Les fastes du progrès: le Guide des Expositions Universelles* 1851 – 1992（Paris，1992）；J. Allwood，*The Great Expositions*（London，1977）；J. Findling，*Historical Dictionary of World's Fairs and Expositions*，1851 – 1983（New York，1990）；P. Greenhalgh，*Ephemeral Vistas: The Expositions Universelles, Great Exhibitions, and World's Fairs* 1851 – 1939（Manchester，1988）；R. Mandell，*Paris 1900: The Great World's Fair*（Toronto，1967）；P. Mainardi，*Art and Politics of the Second Empire: The Universal Exposition of* 1855 *and* 1867（New Haven and London，1987）；P. Ory，*Les expositions universelles de Paris*（Paris，1982）。——原注

消费，消费的展示，消费展示的消费，符号的消费和消费的符号”[①]。与这个观点一致的是，当居伊·德波在他的《景观社会》中声称“在现代生产条件占统治地位的各个社会中，整个社会生活显示为一种巨大的景观的积聚”，他正确地将商品视为资本主义社会所有表征的焦点，一种“外观的垄断”在“符号学的永动机”里，通过将自己展示为某种极其正面的、无可争议的和不可触及的东西，从而吸引了所有的注意力和意识。[②]

在这方面，现代时尚和传统的禁奢令之间形成了鲜明对比。早先禁奢的法律条文和一些有关奢靡的禁忌的特点就是死板僵化，它们与社会等级和阶层的划分关联在一起。不过，正如让·鲍德里亚（Jean Baudrillard）和皮埃尔·布迪厄（Pierre Bourdieu）所力证的那样，当代西方的时尚在限制社会流动性、勾勒不同社会阶层和一些细微差别方面也很有效。但不同于奢侈禁令，时尚是完全的幻象，是对消费者民主、消费物品民主的假想，时尚需要快速更迭。[③] 在当代社会，人们的消费需求是依据“适合性”的标准进行调控的，这就意味着实际上消费品的更迭率会很高，而相较之下，在直接受管制的禁奢体系中没有这么频繁的更迭。正如传统的消费者被禁奢令所具有的稳定性约束一样，现代消费者也受制于时尚的更迭速度。

在当今，那些曾经志在永恒的、不容置疑的信念已经失去了它们先前的影响力，反而是那些转瞬即逝的因素在生活中发挥主

---

① H. Lefebvre, *Everyday Life in the Modern World* (Eng. tr. New York, 1973), p. 90.

② Debord, *Society of the Spectacle*, p. 39.

③ A. Appadurai, ed. *The Social Life of Things: Commodities in Cultural Perspective* (Cambridge, 1986)；关于禁奢条文，具体可参考该书 pp. 21, 22, 25, 31-33, 38-39, 57。——原注

导作用，与过去的断裂让我们越来越专注于当下。在更迭不休的感官印象中，人们内心的节奏停顿的时间越来越短暂——香烟可以比雪茄抽得更快——这种愈加紧迫的快节奏不可避免地将人们吸引至时间的边界，到达开端和结尾，在其间穿梭往来。人们渴望越来越频繁地抵达时间的边界，而时尚正是对这种呼吁的回应，因为时尚被普遍接受就意味着其意义存在的基础被毁灭。时尚是介于过去与未来的一瞬，只要它处在巅峰时期，自身就会产生一种强烈的现在感。一件物品，说它时尚即是说它目前很时尚，一位"时尚人士"要想保持时尚，就需要不停地更新自己的衣橱，好让自己"跟上时代"，一个人要想写一本时尚的书，就得先确定两年后的市场走向，然后再为之努力。那些所谓时尚的东西，和时尚自身一样，出现得快，消失得也快，正是它转瞬即逝的魅力孕育了自己死亡的种子。在这个时代，时尚让许多小的人工制品"朝生暮死"，人们发现很难再有机会直面它们自然的命运，即人工制品自然的死亡。对时尚的迷恋越深，人们越不畏惧谈论"死亡"。

格奥尔格·西美尔（Georg Simmel）[①] 在他有关时尚的精彩文章中，指出了推动时尚繁荣的三个外在因素。[②] 第一个是向上流动的中产阶级，对他们而言，意识到不可避免的死亡既是对人生履历轨迹的贸然打断，也是促使他们积极参与改进讣告活动的动力。[③] 因为他们接受的规训就是要求自己的眼睛要时刻盯着那些有利的机遇，所以他们总是被一种不安的节奏支配，即使是当他

① 格奥尔格·西美尔（1858—1918），德国社会学家、哲学家。——译者注

② G. Simmel, "Die Mode", in *Philosophische Kultur*（Potsdam, 1923）, pp. 31 - 64.

③ 对有限的生命的认知在中断事业发展连续性的同时，也促使中产阶级参与旨在改善和提高自己声誉的活动，以美化自己的公众形象，这与时尚趋势和社会期望的时间节奏保持了一致。——译者注

们取得成就的那一刻，因为害怕自己跌落下来，担心无法保持现有的较高水准，人生也被焦虑笼罩。由于他们在生活中前进的速度使得他们总是优先于他人，因此他们在时尚中找到了与自己情感活动类似的节奏，二者如出一辙。第二个是社会的边缘群体，他们的倾向喜好公然揭示了一个未被公开承认的事实，即和他们明显对立的群体，即向上移动的群体的品位是他们渴望拥有的。由于他们漂泊无依的生活方式，社会边缘群体的成员被归为底层贱民，他们在内心深处对于一切合法化的、牢固存在的条条框框怀有一种潜意识的憎恨。这种憎恨会让他们不顾一切地接受看起来似乎与原来截然相反的选择，然后就走向了时尚——一种毁灭欲望的审美表达。第三个是大都市的影响：日新月异的感官印象和人际关系；人与人之间身体上的近距离接触以及由此产生的社交保留准则；快速向上流动的下层对快速变化的时尚的选择性亲和。

在时尚流行开的同时，也随之开始贬值。从这个角度讲，它是所谓新范畴的标志之一，所有隶属于这一范畴的事物在自我宣传的同时也在自我贬值。[①] 在19—20世纪的商品文化中，如果说有哪个词比其他词都更重要，那无疑就是“新”。随着信息革命的开启，我们开始使用前缀“后”（post-），而在这之前，尤其是第二次世界大战结束后到1973年石油危机出现以前，占据主导地位的是“新”这个形容词性的字眼：新现实主义、新浪潮、新批评主义、新小说、新派菜系和新哲学等。早在19世纪，保罗·瓦雷里（Paul Valéry）[②] 就曾指出，革命的思想预示了这种护身符在

① 关于所谓“新”范畴的特征，参考 A. Compagnon，*The 5 Paradoxes of Modernity*（Eng. tr. New York，1994）。——原注

② 保罗·瓦雷里（1871—1945），法国20世纪的诗人和文艺思想家。——译者注

被大肆宣扬的同时也在经历着自我贬值，这一点在稍后无处不在的新事物中也得到了验证：很快它传达的不再是暴力改革，而是一种想要推翻现存的一切的愿景，不管现存是什么。[①] 当敌人不再是一个特定的对手，而是新近的过去时，尤为重要的就是变革本身，因为它是“新”的基础，在这时，“新”已经失去了所有的政治性基础，对“新”的追求蜕变成了单纯地拒斥现存的一切的欲望。阿多诺赞同瓦雷里的见解，他进一步得出的推论是，我们无法依据新事物的分类来判断一个事物真的是新近才出现，还是只是看起来或者人为地让它看起来像新的。并且他进一步推断，认为当下加速的进程是由于我们受制于资本主义社会的交换，而且这种来自市场的操控已经延伸到了艺术领域，正是在这种操控之下，我们对所谓“新”的审美追求必然带来社会进程的加速。[②]

由于物质商品的周转时间有限，资本家于是从生产商品转向生产服务。大多数物质商品，被称作耐用消费品自有其缘由，比如刀叉、汽车和洗衣机等，它们的使用寿命都相当长。但是服务或者活动——比如看电影、听摇滚音乐会或者参加健身俱乐部——寿命则会短得多。[③] 随着重心向提供服务转变，加上快消品生产的增加，资本的周转也加速了。一个产品从最初的设计到生产再到其最终过时的演变过程（在市场营销中称为“产品生命周期”）变得更短了。长期规划变得不再那么重要，而掌握和利用市场潮流的能力变得更加关键。相较以前，公司创新的速度快得多了。

① A. Compagnon, *The 5 Paradoxes of Modernity* (Eng. tr. New York, 1994), p. 62.

② A. Compagnon, *The 5 Paradoxes of Modernity* (Eng. tr. New York, 1994), p. 60.

③ 关于资本周转时间的加速，参考 D. Harvey, *The Condition of Postmodernity* (Oxford, 1990), pp. 182, 210 - 11, 229 - 31, 240, 266, 270 - 1, 284 - 5, 343。——原注

广告业蓬勃发展，到处是广告插播，而且广告语也越来越短。对时间的明显控制开始从工作时间转移到消费时间上。在工业主义的全盛时期，对于想要参加劳动生活的所有社会成员，灌输给他们守时这一基本的自律原则还需要花费不少工夫，然而现在这一点已经无须多言。当下已经不需要再花工夫关注人们的劳动时间，而是要着力探究和控制消费品的生命周期时间表。对时间的把控聚焦的不再是自律的问题，而是人的欲望。[①] 为了确保生产出来的产品能够被消费掉，它们会被赋予某种意义从而变得令人向往，这样一来，对这些商品的需求也被人为制造出来。在工业化的早期阶段，人们将工作的时间规训内化十分必要，而当下却要求将消费的时间进度内化。在工作时间的规训下，社会需要人们像上好油的机器一样，而当下却需要他们像什么都爱吃的孩子那样。随着商品的生产，欲望也会被困于商品之中。为此，需要一个媒介系统，能够定期公布消费品的排名，以便根据这种排名来组织消费品的更新换代。这样一来，所谓理想产品的各种排名遍地开花。对于消费者来说，他们能够听到的、看到的或者读到的，全部是有关购买的信息。一个电台如果播放的是畅销唱片才会有听众。必须保证即时性拥有。这种新的消费时间规训已经不知不觉地与旧的工作时间规训融合在一起，并且成为后者的前提，在美国大约有5000万工薪阶层和他们的孩子已经成功地将新的消费时间规训内化。许多位于郊区的宽敞住宅、富丽堂皇的购物中心以及不断激增的豪华轿车都是消费时间规训的体现。在他们的收入中，消费支出占比居历史最高，而储蓄占比居历史最低，人们使用信用卡以18%的利率借款购买名牌服饰已

① J. Attali, *Noise: The Political Economy of Music* (Eng. tr. Minneapolis, 1985), p. 130.

是司空见惯。[①] 人们贷款消费成瘾，就是为了确保能第一时间拥有某种商品。

对这种即时性拥有的渴望，还体现在一系列技术设备和服务上，比如微波炉、电子邮件、传真机、一小时照片冲印服务、24小时购物杂货店等。最新的肥胖统计数据充分证明，半数美国人痴迷于快餐。流行音乐排行榜就昭示了这样一个事实：一个音乐作品的价值取决于可取代它的其他音乐作品的存在，一旦出现从其他作品榨取利润的可能，这个音乐作品就会立刻失去价值。等着进入市场流通的新乐曲背负着资金压力，一个音乐作品的价值也就成为体现这种资金压力强度的函数。[②] 在古典音乐中，音感自身性质的变化总在意料之外，不可捉摸。而在技术性再现的过程中，声音技术能够确保作品在表演中排除错误、迟疑和杂音的情况下完成一次形式上的重构，这样一来，音乐作品在技术上就达到了完美。这反过来又需要乐师具备新的能力，即能够配合合适的音效无数次再现作品。现在就出现了雅克·阿塔利（Jacques Attali）所说的短乐句大师（virtuoso of the short phrase）。[③] 与音乐中出现的情况一样，图书出版方面也是如此：历史加速的过程变得越来越突出。现在书籍印刷和停印都很快。在此之前，未售出的书籍会以“备用”的名义被保存几年，一年里可能会卖出 20 本给那些迫切需要它们的学者。而最近，书籍在经历短暂的全价售卖之

---

① E. Luttwak, *Turbo-Capitalism: Winners and Losers in the Global Economy* (London, 1998), p. 206.

② Attali, *Noise*, p. 130.

③ Attali, *Noise*, p. 106. ——原注

雅克·阿塔利（1943—）是法国经济学家、音乐家，他认为，古典演奏传达的是一种活力，而技术性再现虽然让音乐达到了完美，却改变了音乐的本质，并且这种重复性的再现需要的是那种演奏短小音乐的乐师，能够不断反复录制，从而可以借助音效达到完美。——译者注

后，就迅速被“削价出售”，在打折批量处理后，剩下的全部制成纸浆。早期我们还可以在出版商的“备用”库存中找到印刷文化的物理实体，现在我们有了销毁这些物理实体的有效方式。[①] 所有这些做法表明，所谓的使用就是以公开的方式表现——通常是展示——资金周转的速度。

消费品要承受不断加速带来的压力。这种加速产生了一种异化效应：曾有人说，过去是异乡，然而当下所谓的现在也变成了异乡。艾尔文·托夫勒（Alvin Toffler）在1970年谈到“未来的冲击”（future shock），这种冲击迫使大量的西方人生活在一个与自身不相容的经济、技术和社会文化环境中，因为他们无法跟上社会变化的节奏。[②] 如今，亚历山大·克鲁格（Alexander Kluge）[③] 谈到“现在”对时间轴上的其余时间的冲击[④]，因为发达消费资本主义的现在越是盛于过去和未来，它能为当代主体提供的稳定性就越差，身份归属感就越低，这也是为何身份认同问题成为当下热门话题的原因之一。当一件商品刚刚进入市场，人们总是想在其他人还没得到它之前，就抢先得到它，这是大众消费文化的特点。消费行为上的细微时间差彰显的是社会地位的高低，就像比赛中的时间差彰显了身体素质上的细微差异一样。自由市场赋予了每个消费者选择的权利，这暗示了所有的关系，包括个人与商品之间的关系在内，都是不稳定且可撤销的。如果个体标榜自己是某个群体中的一员，那么重要的是，要知晓这个群体作为一个整体

---

① Luttwak, *Turbo-Capitalism*, p. 231.

② A. Toffler, *Future Shock* (New York, 1970). ——原注

艾尔文·托夫勒（1928—2016），美国作家、未来学家。——译者注

③ 亚历山大·克鲁格（1932—），德国作家、导演、哲学家。——译者注

④ A. Huyssen, *Twilight Memories: Marking Time in a Culture of Amnesia* (New York and London, 1995), p. 26.

与一年前或者一个月前相比有了哪些差别。童年时光也被裹挟进这种消费的时间性中。在两次世界大战之间，本雅明就技术加速的问题，尤其是它所带来的时尚的快速更迭，指出“记忆体系新陈代谢的速度越来越快”，以至于“必须以更快的速度建立一个全新的记忆体系与之相抗衡”。[①] 在早期几代人的传统的、宗教的教养过程中，大人还可以为孩子们解释他们的梦境，然而“现在孩子的抚养过程只是在分散孩子的注意力而已”，因为这个世界在短短一代人的时间中被塞满了各种消费品，已经变得面目全非，父母已经没法再为他们的孩子答疑解惑，更多的是让孩子自行其是。本雅明是有先见之明的，现在孩子们的童年已经被牢牢锁定在消费的时间性中。孩子现在正学着如何将消费者作为自己的职业，购买音乐就是目前的一项主要活动。孩子们不再需要到工厂里打下手，当音乐产业制造出对音乐的需求时，孩子们去消费音乐就是他们的新工作。这可谓是一种新形式的工作进行曲。因此，在这样的情形下，孩子们学到的最重要的活动就是列出自己的愿望清单。通过这种方式，孩子们早早就对“过时”的意义有了初步的了解：它体现出的是对新事物的迷恋，正如安德里亚斯·胡塞恩所说，它在事物出现的那一刻就已经预知了它的过时。[②] 在一个以利润和消费为导向的社会中，随着更新换代不断加速，越来越多的商品被生产出来后就很快过时，随之而来的必然是越来越多的丢弃行为。遗忘成为市场运行中的一个必要要素，对于大量过时商品的快速生产至关重要。

---

① W. Benjamin, *Gesammelte Schriften*, 6 vols. ed. R. Tiedemann and H. Schweppenhäuser (Frankfurt, 1972 –), Vol. v, pp. 596, 490, 118, 1214.

② Huyssen, *Twilight Memories*, p. 26.

三

个人职业结构的变迁进一步侵蚀了当代的文化记忆。针对这一点，将当前的情况与前资本主义社会形态中才有的情况作一下对比会有启发意义。

之前，人们有共同的记忆行为，这一点尤其确切地体现在对完成一些实践技能所需要的专业知识上。无论是非洲和亚洲的铁匠，还是西方17世纪以前的行业协会，在获得学徒资格和维护行业的社会结构方面，保守行业机密一直都是一个利害攸关的问题。[①] 在手工业中，学徒通过观察来学习。当轮匠、铁匠或织工在工作时，孩子们通过观察他们来学习如何做工。男孩们观察他们的祖父如何在森林里狩猎，女孩们观察她们的祖母如何做饭、编织、采药和打理庭院。在成年人中，手工艺人成为群体成员之间沟通的纽带，而店主则充当了村庄社区与外部世界之间的中间人。商人和买家之间的关系遵照一些已被默认的惯例，这些不成文的规矩引导着人们的记忆行为，并让相关的记忆在群体的共同记忆中稳定下来。要想避免不礼貌，商家在推销某个物品或者买家在购买某个物品时都不应该表现出过度的热情。商人和买家要想让交换成为人类之间友好的交易，并且双方都满意，就必须花费一些时间，双方对此心照不宣。因此，这些交易需要留出时间给人们闲聊，买卖双方之间的每次交易都附带简短的口头交流。所有这些情况——学徒资格的获得、手工艺人和店主的中介角色、买卖双方的交易——都需

---

① A. Leroi-Gourhan, *Le geste et la parole, vol. ii: La mémoire et les rythmes* (Paris, 1964 - 5), p. 66.

要时间，而正是这些时间让群体中的记忆行为得以稳定和沉淀。这里唤起的是一整个失落的世界，那里有更亲密的社会互动，是个可能看起来有点浪漫主义的世界。这样唤起集体记忆以阐释和捍卫当前的主张，往往会扭曲历史。村民共同创造了一个可记忆的村庄和一种可记忆的经济，我们以此作为意识形态背景来谴责当下。尽管如此，它仍然捕捉了一个节奏相对缓慢的社交世界，这个社交世界还尚未受到当代职业结构要求的影响。

在工业资本主义社会中，时间变得更加“理性”。在资本主义以前的社会形态中，对时间的安排有着自己的惯例和标准，但在资本主义社会中，它们变得格外精确、准时、可计算、严苛，并且经过紧密协调。[①] 这种时间安排的高度理性在严苛的工作时序表中体现得尤为突出，在官方的办事流程以及学术课程安排中也非常明显。在工业资本主义的就业体系中，正如它在 19 世纪出现时那样，正规的全职工作之所以能够持续是基于高度的时间标准化。劳动合同、定期工作时间换取计时工资的方式以及稳定的工作地点共同确保了这种标准化的实现。家庭薪资的制度化，即因为男人要维持家庭生计，其工资必须足够高这一原则落实为制度，与从制造业中发展起来的强大工会和以男性为主导的“劳工贵族”的发展密切相关，它促成了以性别为基础的职业结构的形成，而这正是制造业经济的典型特点。直到 20 世纪 70 年代，出现终身雇佣制——从现在被认为的青春期开始持续到当时被认为的老年期为止的一个漫长历史阶段——的全职工作体系，这是为在工厂中规划和利用劳动力而发展起来的时间组织模式。它为个体的生命历程轨迹提供了组

① 关于时间的标准化，参考 H. Nowotny, *Time: The Modern and Postmodern Experience* (Eng. tr. Cambridge, 1994), pp. 18, 22, 24 - 5, 37。——原注

织背景。[1] 各种工业机构开始按照法律定义的范畴行事，通过这些范畴来解释人们的标准生平，即对个体生平的详细分析是从标准化的、法律所规定的雇主—雇员的关系出发完成的。

有一种例外情况最令人难忘，它彰显了标准化案例的力量。标准化的劳动关系曾为标准化的个体生平提供了模板和支撑，但在资本主义历史上最为创伤性的一刻，它开始崩塌。对于生活在那个时期的大多数男男女女来说，他们在生活中所经历的最重要的经济事件就是，1929—1933 年两次世界大战中间的灾难性经济衰退，人们赖以生存的基础消失了。那些依靠雇佣劳动获取工资的人遭遇了前所未有的失业困境，而且失业的时间超出了所有人的预期。在人们的记忆中，这是发生在劳动人民生活中最为严重的经济灾难。曾经似乎已经得到工业资本主义担保的职业结构（甚至包括大部分蓝领工人的职业结构），却在那个时候瓦解了。在 1932—1933 年间，英国 23%、北美 27%、澳大利亚 29% 和德国 44% 的劳动力失业。[2] 即使在 1933 年后经济开始复苏，在 20 世纪 30 年代后期，英国的失业率也从未低于 16%，澳大利亚和美国的失业率也不低于 20%。在中欧，金融领域的崩溃和职业连续性的不复存在也带来了创伤性后果，在那里，私人储蓄全部消失，根本无力为企业提供营运资本，中下层的生活堕入法西斯政治美学的骗局之中。同时在美国，作为这次经济大地震的震中，许多摄影师如沃克·埃文斯（Walker Evans）、多萝西娅·兰格（Dorothea Lange）、罗素·李（Russell Lee）和亚瑟·罗斯坦（Arthur

① 关于工业化与家庭生活，参考 U. Beck, *Risk Society: Towards a New Modernity*（Eng. tr. London, 1992）, pp. 104 – 5, 106 – 10, 114, 119 – 21。——原注

② 关于这期间的失业状况，参考 E. Hobsbawm, *Age of Extremes: The Short Twentieth Century* 1914 – 1991（London, 1994）, pp. 89 – 90, 92 – 4。——原注

Rothstein）等，都通过生动的视觉影像证明了这场劫难带来的后果。比如一排排废弃的汽车、无人打理的房子和散落的行李、到处都是废旧轮胎的高速公路、崩溃的男男女女，还有流离失所的儿童。

职业结构的连续性被整体根除，这场创伤性事件动摇了人们对资本主义体系的信任。前资本主义社会形态体现的是个体之间的信任，而随着工业资本主义的蓬勃发展，对货币体系的普遍信任取代了个体间的信任。对于任何相信货币价值的稳定性和消费机会的持续性的人来说，他们信任的不是个体，而是整个体系的运作。只要工业资本主义体系被认为是切实可行的，那么依附这一体系的货币制度和职业结构也应该是值得信任的。但在 20 世纪 30 年代的大萧条时期，工业资本主义体系显然无法正常运转，人们也不再相信它具有连续性和稳定性。

这也是为什么第二次世界大战后，解决大规模失业问题成为民主资本主义国家改革后制定国家经济政策的基础。在 20 世纪 60 年代的发达国家中，西欧劳动力平均失业率是 1.5%，日本是 1.3%。福利国家（这个词本身也是自 20 世纪 40 年代才开始使用）的建立，为人们提供了前所未有的安全保障，以应对患病和贫困人口的养老问题。从 20 世纪 50 年代初到 70 年代初，世界制造业的产量翻了两番，同期制造业的世界贸易量增长了十倍。在那些物质上很发达的国家，曾是奢侈品的产品，比如冰箱、私人洗衣机和电话都成为舒适生活的预期标配。随着许多私人仆人能干的工作由机器代劳，普通人现在也有可能过上一代人以前只有富人才能过上的生活。在世界上物质最发达的一些地区，人们生活的舒适度比以前高得多，在工业资本主义标准化的雇主—员工劳动关系的组织背景中，标准化的个体生平也再次被重置，历史的连续性也由此得以维持。

但是，随着新的信息资本主义的出现，在理解当代经验的时间结构时，不连续性代替连续性，成为更具说服力的概念。工业革命带来的技术创新只是发生在有限地域范围内的少数社会中，这些革新技术从西欧的核心区域扩散到世界其他地区大约花了两个世纪的时间。尽管通过在印度的殖民统治、拉丁美洲在工商业上的依赖以及对非洲的瓜分等，都在一定程度上促进了技术的扩散，但用当下的尺度衡量，这种技术扩散的速度还是相对缓慢。电力的传播就体现了这一点。无线电报在 18 世纪 90 年代首次进行实验应用，自 1837 年开始已经广泛存在。但直到 19 世纪 70 年代起电力才在世界范围内扩散开来，并影响了交通、电信、照明和工厂运作的时间安排。相比之下，信息革命带来的技术创新在不到 20 年就扩散到了全球各地。[①] 当然，专业结构上的不均等影响着不同民族、地区和国家获取信息技术的机会，非洲的棚户区、法国的城郊和美国的市中心无论在空间上还是时间上都是不连续的区域。但到了 20 世纪 90 年代中期，依靠 20 世纪 70 年代才开始逐渐成型的信息系统，全球劳动分工中的霸权集团内部已经牢牢地彼此互联在一起。

这成为临时劳动力市场的制度化和临时合同的普及的历史背景。[②] 许多证据表明，兼职工作的工资往往比全职工作的工资更

---

① M. Castells, *The Rise of the Network Society* (Cambridge, Mass., 1996), pp. 33, 38 –9.

② 关于临时工雇佣，参考 S. Sassen, *The Global City*: New York, London, Tokyo (Princeton, 1991), pp. 33, 238 –43, 249, 280, 282, 300, 306, 314 –15, 317 –19, 337。关于信息资本主义造成的大规模失业，参考 U. Beck, *Risk Society: Towards a New Modernity* (Eng. tr. London, 1992), pp. 13, 88 –9, 111, 120, 124, 134, 140 –2, 145 –6, 149, 223, 224 –5, 230; and Hobsbawm, *Age of Extremes*, pp. 304, 406, 413 –15。——原注

低，各种兼职工作的增加成为发达经济体中服务行业就业关系中最普遍的趋势。在美国，劳动统计局的数据显示，1989 年有 2610 万名美国工人从事的是兼职工作，占全国劳动力的 24%，他们每周只工作 1—34 小时。1988 年，雇佣兼职工人最多的是以下几个主要行业：30% 的兼职工人受雇于建筑业，而批发零售业和服务业的兼职工人分别占 32.5% 和 38%；在非农产业受雇的 1950 万名工人中，兼职工人的总数达到了 1400 万人。同年，最大的劳动力缺口集中在服务业，其中兼职工作占所有空缺岗位的 40%。大约也是在这个时候，美国政府通过了一项立法，将兼职用工合法化，并为雇主充分利用其劳动力建立了额外的奖励机制，从而进一步削弱了兼职工人的地位。因此，大型企业毫不犹豫地大规模雇佣临时工。在 1991—1995 年间，大型区域电话公司太平洋贝尔（Pacific Bell）解雇了 1.1 万多人，而到 1996 年它又雇佣了 4200 名临时合同工，这其中很多是这家公司的前雇员。劳动部 1995 年的一项研究估计，在已登记的 500 万名合同工中，有 17% 的人是在这种情况下为他们的前雇主比如施乐、达美航空和雪佛龙工作的。美国管理协会对 720 家新近裁员的公司进行的一项调查显示，有 30% 的公司又重新雇佣了之前被他们解雇的员工，而且几乎都没有给员工恢复他们之前的医疗和养老金福利。层出不穷的临时工中介所抚慰着由此带给个人的痛苦，这些机构按月、按周甚至按天雇佣个人劳动。

因此，信息资本主义的直接影响就是消除了蓝领劳工的职业结构。许多企业发现可以在淘汰员工的同时增加营业额。电子自动化通过机械控制机床的形式可以完成汽车、化工和机床制造业等行业中的很多工作。由于一些技术过程可以完全或者大部分由机器人直接接管，那么随之带来的相应的监督、指导和维护的新工作则成为对技能要求较高的少数工作岗位，少数自动化工人取代了原来大批量的非技术和半技术工人。计算机终结了数以百万计的文书和行政性工作岗位。这其中大量的人员，他们之前可能端着国有企业的铁饭碗，或者就职于庞大的官僚机构，后来遇到了大规模缩编，或者就职于私营企业，企业因为发展动能不足而导致破产。总而言之，他们发现自己没什么特别的技能，再就业找到的工作也不好，或者只能兼职工作，甚至有的根本找不到工作。在技术创新的传送带上，一端已经出现了新的贫困人口，他们遍布全球各地，包括美国和英国一些发达程度低的地区，还包括布宜诺斯艾利斯和奥克兰。

紧随其后的就是专业人士职业生涯的终结。这种发生在绝大多数劳动力身上的时间视域的萎缩并未引起太多的焦虑性反思。毕竟，这只是发生在普通老百姓身上，对于那些霸权集团的成员，特别是那些耗费了诸多时间和精力才挤进集团的成员来说，老百姓受到的损害与他们的利益之间根本无甚相关。实际上，对于偏远之地的人们所经历的巨大苦楚，如果没有直接经历，即使是再有说服力的记录，给读者带来的痛苦可能还远不及小虫的一次叮咬。但当临时工的制度化真正影响到他们，不少人开始关注这个问题。这也是信息资本主义带来的一个后果：专业人士的职业结构岌岌可危。20 世纪 80 年代初期的经济衰退给制造业工人的生活带来了长期的不安全感，而 90 年代初期的衰退则让美国、英国等国的大部分白领和专业阶层开始担心他们的工作和未来也不再有保障。在全球信息资本主义劳动分工中，那些职位较低的人并没有得到很好的保护。比起以前的大型商业银行和保险公司，在许多新型的专业服务和金融公司，那些高收入的专业人员和管理人员在同样的情况下对雇主的诉求要少得多。现在的他们更容易被解雇。在雇佣关系中，通常所谓的更大“灵活性”其实是一种委婉的说法，它意味着他们的工作也变得临时化。直到20世纪80年代末，北美许多大型公司依旧保留着1945年后的公司的典型特征，那就是它们都位于一个特定的区域，为各级管理人员提供就业机会。然而这种情况已经不复存在，现在很少有美国公司还保留强烈的地方属性，或者充当所在社区的一员，他们也很少考虑大规模解雇是否会被所在的社区反对，而这是他们的欧洲或日本同行现在依然经常会遇到的情况。[①] 他们对所谓的地域感没什么依恋。因此，整个20世纪90年代，随着美国经济的繁荣，很多知名企业宣布白领裁员，并委婉地称之为“公司重组”或者“企业改造”。大量已经不那么年轻的中层管理人员被迫离职，再次拥入求职市场，他们却发现很难在其他地方找到类似的工作。不出所料，他们的痛苦有时是以一种极端戏剧性的方式体现出来。20世纪80年代以来，美国历史上发生的最大规模的集体屠杀案中，10起中有8起不出所料是中年白人男性犯下的，他们通常都三四十岁，经历了失业或者离异这样的生活危机后，整个人长期处于孤独、沮丧和愤怒的状态，然后最终走向疯狂。[②]

临时工作合同的制度化让整个劳动市场都转为雇佣临时工制，这是具有重大影响的历史性变化，因为法律解除对劳动条件的规定会侵蚀社会信任。事实上，所谓的信任和法律体系，二者

① P. Kennedy, *Preparing for the Twenty-First Century* (London, 1994), p. 58.

② “Unstable jobs, even if truly well-paid, are not qualitatively the same as stable, career jobs; they only sustain immediate consumption, not the building-up of lives”, Luttwak, *Turbo-Capitalism*, p. xi.

在很大程度上是分开运作的，因为我们最初是将信任视为人与人之间关系的一种稳定性倾向，而法律体系则是一种不受个人感情影响的机制，这一点是其优势所在，同时也是其缺点。不过，信任这一概念本身构成了整个法律体系的基础，这体现在人人都普遍依赖于他人的行为；正是因为现行的法律法规限制了未来可能出现的各种风险（至少公开宣称是这样），才有了各种形式的信任。对于未来可能会影响到他们的一些情况，人们通常有一定的预期，而法律正是通过提供制度化支持的方式，在一定程度上保证了这些预期的实现，因此，对于任何长期的战略决策和一般性的考虑而言，法律通常是不可或缺的基础。法律法规的存在降低了将信任寄托在个体身上的风险，因为它将任何此类信任行为都置于法律义务框架之内。[①]

信任被侵蚀会从根本上影响人们的时间体验。信任需要时间，这一事实可以从过去与未来两个方面考虑。从过去的角度看，如果没有之前的相关信息，信任几乎是不可能的；信任他人，必须至少是已经熟悉了对方的一些一般性特征，必须已经在某种程度上掌握了对方的相关信息，即使这些信息并不全面，也并不完全可靠。只有在一个熟悉的世界中，才有信任可言，它需要历史作为其可靠的基础。人们总是倾向于认为，那些在过去被发现可信赖的人和状况，在未来也大概率会值得信赖，正如那些在过去被发现不可信赖的人和状况，在未来也会继续如此。人们也会习惯性地觉得，熟悉的事物会保持不变，如果出现任何明显异常的行为迹象，最好将其看作个别插曲而非典型现象，而过去可信赖的事物很有可能会再次经受住时间的考验，总之，熟悉的

① N. Luhmann, *Trust and Power* (Eng. tr. Chichester, 1979).

事物将会持续到未来。同样的，从未来的角度看，信任也需要时间：因为最主要的考虑就是将来还会再相见，或者很有可能会再相见。信任也好，不信任也罢，熟悉都是前提条件。就一个人未来可能的人际关系而言，熟悉与否是他们对将来可能遇到的人是否做出承诺的条件，从一般的意义上说，是决定他们对未来持何种态度的基础，或者可以说是他们对未来所持的基本本体论立场的基础。在信任行为中，人们暗暗地假设未来并没有那么复杂，因为将信任赋予个人或者某种状况时，人们更多地将自己的精力投入行动中，彷佛未来只有有限的可能性。信任是让我们对历史连续性抱有期望的基本条件，正是这样的期望指引着我们在日常生活中的行为。

在工作期间以计时工资的方式对其进行补偿，这一点长期以来或多或少主要针对男性，而随着临时工的制度化和临时工合同的日益普及，劳动市场的现实早已让这种传统观念过时。家庭薪资制度曾是工业资本主义社会法律规定下雇主—雇员关系的内在组成部分，而今随着植根于制造业的工会数量的减少，男性工人被大规模取代，兼职工作岗位以及以女性为户主的家庭数量的增加，这些情况共同削弱了这一制度。曾经标准化的个体生平——与习惯性沉默的另一半人一起——被锁定在工业资本主义的劳动关系中，如今这种状况已经成为过去时。在可预见的未来，这样标准化的个体生平，即使想象它还存在的话，它也只属于领薪受雇的一小部分人。[①] 曾经标准化的个体生平是包裹在标准化的雇主—雇员关系中的，随着它的消失，那种个体曾经拥有的、制度化的时间观念也彻底被改变。与此同时，考虑到个体生活轨迹

① 关于职业生涯的去标准化，参考 U. Beck，*Risk Society*，pp. 139 – 49。——原注

的整体背景，特定的文化记忆和遗忘行为也发生了变化。

随着标准化的个体生平的消失，大写历史的元叙事如果没有完全消失的话，也面临着被瓦解。这也不足为怪。个体叙事如何被经历、被理解，影响历史事件的发展进程如何被经历、被理解。二者都基于信任的存在或者缺失。从20世纪70年代进入80年代时，人们对以宏大元叙事形式出现的大写历史的信任开始被削弱，这并非历史的巧合。因为历史进程的元叙事之所以具有可信度，部分原因就在于个体职业结构的稳定性和根植其中的时间感，这保证了很多个体生活的连续性。在二战后的繁荣时期，即从1945年后的缓慢复苏到20世纪70年代中期的经济危机开始之前，人们笃信经济上的、技术上的和个人的进步，并且这种信念在三者之间相互关联、彼此强化。当时，经济生产力和技术创新力的大幅提升，使得之前少数人才享有的生活水准如今被普及开来，这一切基于看起来似乎永远稳固的工业社会的职业结构。至少在某种程度上说，正是这个因素支撑起了人们对某种历史元叙事的持续的信任。因为只有那些亲身经历过大萧条的人才不会忘记那些创痛，对于大多数没有亲身经历的人来说，大萧条只会成为被遗忘的历史。

从工业资本主义到信息资本主义的转变似乎需要一种断裂，只有这样才能不加掩饰地宣告对历史元叙事的怀疑，在某些地区对这种怀疑甚至加以庆祝。让－弗朗索瓦·利奥塔（Jean-Francois Lyotard）在《后现代状况：关于知识的报告》中，将后现代定义为信仰的瓦解，那种对有关人类解放和争取自由的伟大叙事的信仰，对植根于启蒙运动进步话语并且两个世纪以来维持了知识合法化的统一叙事的信仰。尤尔根·哈贝马斯（Jürgen Habermas）认为后现代性的口号就是反对自启蒙以来的现代理性，从这一点上看，他是赞同利奥塔的，与此同时，他也背离了利奥塔，因为他也在警告将后现代主义等同于新的政治、社会保守主义这一事实所带来的严重后果。对于后现代主义而言，对未来缺乏信心，也会让过去失去历史性，从而堕化为一个没有来龙去脉、可被随意利用的形式的集合。因此，哈贝马斯对利奥塔的回应凸显了这样一个事实，即问题所涉及的不再单纯是话语问题，也不仅仅是那些创造话语文本的个别群体的职业生涯，而是无数个体的整个生活史。①在信息资本主义的全球分工中，霸权集团和次属群体之间的结构性差异日益加剧，这侵蚀了原本稳定的职业结构和历史元叙事——在这两种情况下，人们的时间感以历史连续性和文化信任体验为基础。再一次，历史感被压缩，文化记忆被抹除。我们面临一个巨大的讽刺性的逆转：个体增加的预期寿命被职业寿命的缩短抵消了。当把记住的东西具体运用到工作体验中时，它们却变得越来越过时。

四

还有另外一种时间性，显然也与消费的时间性内在相互关联，它对于我们体验文化的时间结构至关重要，这就是媒介的时间性。如果说，我们正面对语言、视觉和听觉的垃圾像一波接一波的海潮一样向我们袭来，它们是正在膨胀的、弥漫着的“噪音”，压缩了我们的时间并导致了文化遗忘，这在很大程度上是

① 关于雇佣临时工制的道德影响的详细阐述，参考 R. Sennett，*The Corrosion of Character*（New York and London，1999）。——原注

因为消费时间和媒介时间的双重叠加。这里要说到三种媒介形式：报纸、电视和信息科技。从历史上看，这些传播方式彼此之间一直存在竞争，先是传统叙事被信息取代，然后是信息被感知取代，这是创新性竞争的结果，这种竞争表面上扩大了我们的选择范围，但实际上同时压缩了我们的体验。① 吊诡的是，当下对记忆的关注，在某种程度上无疑源自各方努力造成的文化遗弃，我们关注记忆是为了在加速的信息过载的世界之外，在其另一面，试图恢复一种反思的模式，以此让目前充满沟通负担的过程慢下来。

从某种意义上说，就媒介更迭现象而言，如果从报纸开始讲起，那分析的时间起点就太晚了，因为新闻报纸所实现的潜能，之前的印刷书籍就已经具备。亨利・皮埃隆（Henri Pieron）② 在其1910年的《记忆的进化》（*évolution de la mémoire*）一书中，谈到印刷媒介就是一台机器，它通过“实现记忆印痕的倍增促进了现代社会记忆过程的惊人的加速”③。这是一种对事件的印刷记忆，原则上，正是由于它的发明，使得印刷文字的数量越来越多。对于一本印刷的书籍而言，不管其数量何其多，在空间分布上何其分散，所有的读者都共享同一个对象。这种无声的印刷交际系统让报纸紧随书籍之后，给人们提供了一种从历史上看是新的隐性互动的感觉，这些互动是在同一时间发生的。④ 尽管早在18世纪末，报纸就在欧洲广泛传播，但如果仅仅基于这个事实，

① W. Benjamin, “The Storyteller”, in *Illuminations* (Eng. tr. London, 1970), pp. 83 – 109.

② 亨利・皮埃隆（1881—1964），法国心理学家。——译者注

③ H. Pieron, *L'évolution de la mémoire* (Paris, 1910), p. 353.

④ E. L. Eisenstein, “Some Conjectures about the Impact of Printing on Western Society and Thought: A Preliminary Report”, *The Journal of Modern History*, 40: 1 (1968), pp. 1 – 56.

就认为当时已经具备了现代意义上的远距离的快速社会行动，就像当下大批量发行的报纸已经让我们习惯的那样，将会是一种误导。在19世纪中期之前，报纸仍然很昂贵，不具备大众读者群。当时由于报纸相对稀缺，人们通常是在咖啡馆里才能读到报纸。否则，就只能通过自行订阅的方式。1824年，法国发行范围最大的12家报纸总共才有5.6万份的订阅量。在这方面，政治因素起到的作用很大：自由党和保皇党都志在让下层阶级远离报纸。不管怎样，受制于当时本就有限的技术潜力，这种战略考虑很容易实现。[①] 1792年伦敦有13家日报，1779年巴黎有35种报纸。然而，1789年，巴士底监狱被攻占的消息用了13天的时间才传到马德里；1805年10月21日，英军取得特拉法加海战的胜利，但直到11月2日这个消息才在伦敦被报道。滑铁卢距离伦敦也就240英里（约合386千米），但在1815年，一家伦敦的报纸因为在滑铁卢战役发生仅仅4天后就对其进行了报道而创造了一项纪录，但是伦敦收到拿破仑的死讯却花了将近两个月的时间，这和传递纳尔逊[②]在尼罗河战役中取胜的消息所用的时间大致相当。这是一个与凯恩斯（Keynes）[③] 在1921年生活的世界完全不同的另一个世界，他曾在那一年提到，大众报刊对劳合·乔治（Lloyd George）[④] 和白里安（Briand）[⑤] 在巴黎和会上就战争赔款问题所

---

① Benjamin, *Gesammelte Schriften*, Vol. v, p. 717. 关于19世纪报纸流通的有限速度可参考 G. Storey, *Reuter's Century*, 1851 - 1951 (London, 1951)。——原注

② 霍雷肖·纳尔逊（Horation Nelson，1758 - 1805），英国著名海军将领及军事家。——译者注

③ 约翰·梅纳德·凯恩斯（John Maynard Keynes，1883 - 1946），英国著名经济学家。——译者注

④ 大卫·劳合·乔治（David Lloyd George，1863 - 1945），英国自由党政治家，1916—1922年领导战时内阁，1919年出席巴黎和会，签署了《凡尔赛和约》。——译者注

⑤ 阿里斯蒂德·白里安（Aristide Briand，1862 - 1932），法国政治家、社会党创始人，曾多次出任法国总理。——译者注

采取的种种立场产生了深远影响。他指出，这是一种前所未有的情况，最具影响力、最富有智慧的政治家们被不可避免的力量所迫，每天见面讨论不可能之事的详细变化。他之所以提到“不可避免的力量”，是要说明普通观众的本质是作为一种环境，而近年来，如果能够利用新的机械方法来说服大众，也就能够将公众舆论转变为政治生活所需要的原材料。

正是报纸的批量生产，使得一夜之间印刷数百万份报纸成为可能。[①] 直到 19 世纪 90 年代，一家英国报纸才首次达到每年 100 万份的销售量，大约 1900 年另一家法国报纸才达到这一水平。实现这一点，离不开两个方面的发展，一是组织上的，二是技术上的。组织上，新闻机构的出现改变了新闻传播的范围。1835 年哈瓦斯通讯社成立，1849 年沃尔夫通讯社成立，1851 年路透社成立，十年之内三家通讯社就市场和资源分割以及新闻交换达成了最早的协定。技术上，18 世纪的印刷机和几个世纪以前古腾堡（Gutenberg）[②] 用的印刷机几乎没什么区别。它是木制的手工印刷机，后来木头被换成金属，纸张平铺在平板下面，然后通过拧紧螺丝产生压力。印刷机滚筒的发明革新了印刷方法。19 世纪 50 年代的双滚筒印刷机，滚筒上的弯曲印板可以同时打印一张纸的两面；到 19 世纪 90 年代，八组轮转式印刷机每小时能印刷 9.6 万份报纸，每份 8 页，而 70 年前平均每小时只能印刷 2500 份。现代的排版技术也影响了速度：由默根特勒（Mergenthaler）[③] 研

① J. Romein, *The Watershed of Two Eras: Europe in 1900* (New York, 1976), pp. 264 – 6.

② 约翰·古腾堡（Johannes Gutenberg，1398 – 1468），德国发明家，是西方活字印刷术的发明人。——译者注

③ 奥特马·默根特勒（Otmar Mergenthaler，1854 – 1899），发明家，出生于德国，后移民美国。于 1884 年发明了莱诺铸排机，是一种能够单次铸造整行铅字的热金属排字系统，大大提高了排版速度。——译者注

发并于 1886 年投入市场的莱诺铸排机，使排版速度提高了五倍。值得注意的是，从印刷新闻固有的共时性原则首次出现，到随着报纸的广泛流通这一原则全面生效，中间有很长的一段时间间隔。

正如本尼迪克特·安德森（Benedict Anderson）所论证的那样[①]，共时性的观念已经融入报纸的排版惯例和流通过程中。共时性的观念融入了报纸的排版惯例，读者往往在大开本报纸的第 1 页，就能看到 5 个甚至更多的有关不同事件的报道。俄罗斯的骚乱、科索沃的战争、东帝汶的大屠杀、克林顿的一段感人演讲、一起谋杀案，还有一场足球比赛……这些事件大多数彼此毫无关联，一起事件的参与者并不知道其他事件参与者所做的事。报纸预示并延续了历史先锋派引入的蒙太奇的拼贴艺术实践，它提供了一种结构化的混乱体验，反映了现代大都市将人们在工作和休闲生活中的体验变得支离破碎。因此，报纸也训练读者们学习如何浏览和理解详尽却脱离情境的“文章”，通过把彼此离散的板块人为地并置在一起，这些文章之间才有了一种联系。它是一种时间上的重合——正是报头上的日期给各个组成板块之间营造了一种想象性的联系，其潜台词就是所有并置在此的部分都处在可量化的、同质性的时间网格中，正是在这个网格中，它们的参照坐标即“世界”向前迈进。正如美国新闻播音员在冷战期间经常强调的那样：“岁月如流。”共时性的观念也融入了报纸的流通过程，这种观念要求报纸在当天就要流通出去，因为人们必然清楚报纸印出的第二天，上面的信息就已经过时了。当黑格尔说阅读日报就是现代人的晨起祷告时，他预见了一种新仪式的出现，这种仪式天天、月月、年年如此，仪式的参与者知道他们的

① B. Anderson, *Imagined Communities* (London, 1991), pp. 22 – 36.

消费行为也在被成千上万甚至数百万人重复着。黑格尔将其当作一种现代仪式，不过本雅明进一步指出，它不像传统仪式那样，通过早期重复来强化记忆，而是造成了记忆丧失：新闻报道恪守新鲜、简洁、易于理解和各个部分之间彼此脱节的原则。从这个角度来说，它将所报道的事件从一种情景中剥离出来，而这些事件本可以借助情景成为读者的情感体验和情感时光中的一部分。①

人们每天接触大量的电视画面让这种健忘效应变得更加严重。电视的传播发生在一个电视环境中，在这个环境中，物品和符号——家具的样式、表演的风格、对话的主题——不停地进行自我指涉。电视不再是一台机器而成为一种场景，所有政治的、商业的、运动的和艺术上的交际过程都在其中发生。在发达社会，不上电视的政治家根本不会有机会赢得人们的支持，因为基于电子通信的交流就是所需要的交流本身。人们已经试图对这种几乎一直存在的背景进行量化。② 据统计，在 20 世纪 80 年代末，一个美国家庭平均每天有大约 7 个小时开着电视，每个成年人每天的实际观看时长约为 4.5 个小时。1992 年，日本人平均每周观看电视的时间被精确地量化为每天 8 小时 17 分钟。并非所有发达国家的人看电视的时间都这么长。20 世纪 80 年代末，法国成年人可能在关注别的事情，他们每天看电视的时间大约只有 3 个小时。即使我们对这些估算持有合理的怀疑态度，我们仍然有理由认为，在都市社会中，除了工作的时间，人们所有醒着的时间花在媒介消费上的最多。不过人们对电视关注或者不关注的程度本

---

① W. Benjamin, "The storyteller", pp. 83 - 109.

② M. Castells, *The Rise of the Network Society* (Oxford, 1996), pp. 328, 329, 330 - 4, 339 - 40, 367, 371.

身并不重要，重要的是，所有的电视信息都被整合进一种共同的认知模式。当电视上的互动性教育节目像电子游戏，新闻像视听表演，案件审判如同一出肥皂剧，显然，我们就会发现不同的交际模式彼此借用编码。①

在这样的编码过程中，一种文化的记忆不可能不受到影响。马克斯·韦伯（Max Weber）认为，工具理性带来的影响就是世界的祛魅。而电视环境带来的影响则是去物质性。人们看着屏幕上一闪而过的画面，但并不能真的看到或者拥有实物，只是一种观看的体验而已。这样的交际是非物质性的、转瞬即逝的，而那些坚固的东西也随之烟消云散了。永恒的概念变得虚无缥缈。绘画呈现的是一种被动型视角，人们可以对其进行仔细甄别，但相机的频繁使用使这种被动型视角被取代，视角转换不断加速，电视观众习惯了体验的加速，是一种视觉体验灵活的、加速的变化，人们已经可以将其与蹦极过程中的令人瞠目的视觉体验作比较。电视观众习惯性地频繁切换频道，很容易进一步加速上述视角的转换，由此，彼此离散的时空被并置于一种虚拟的共时性中，各种事件以同等的地位出现，被接连不断地拼凑在一起，干扰了我们对历史的理解。1900 年，齐美尔在一篇有关《大都市与精神生活》的文章中，描述了现代都市定居者的特点就是要面对各种混乱的精神刺激，与当下相比较，这些精神刺激看起来开始变得和缓了。文化上的结构性遗忘是必然的，因为对于电视观众来说，画面的传播没有强化记忆，实际上恰恰削弱了个人体验与公共记忆之间的联系，过去（包括新近的过去）都变得转瞬即逝。其中一部分原因要归咎于画面整合的方式：历史作为一种叙

① M. Castells, *The Rise of the Network Society* (Oxford, 1996), pp. 336 – 7.

事，首先要依据视觉材料的可用性进行组织，然后还要受制于帧数剪辑在一起或者分开的可能性。这样一来，新闻报道所呈现的整体效果就如同广告那样，是一种不连续的、非线性的时间性。还有一部分原因是过量涌现的图像：信息超载是引起遗忘的最有效方式之一，新闻媒介的作用不是生产，更不是消费，而是丢弃，让新近的历史经验尽快被遗忘。

在此之前，时间因素与信息报道中的空间距离有关，但现在时间被压缩了，电视观众也感知到时间的缩短。报道的新闻事件不再是人们已经见证的事件，而是人们正在见证的事件。间接虚拟见证的诞生大致可以追溯至航空业发展的早期。1910 年 12 月发生了一起悲剧性的飞机事故，导致飞行员拉丰登（Laffont）和马里亚诺·普拉（Mariano Pola）在事故中丧生，当时“高蒙公司能够把飞机坠毁的过程全程录制下来，就在事故发生几个小时后，坐落在巴黎林荫大道上的高蒙剧院就放映了时长 50 分钟的影片，重现了这起悲剧性事件”[①]。现在存在着一个表征的超空间，从技术角度讲，在这个空间内每个人都可以瞬间重现自己的生活。现在有很多的世界历史事件已经让人们接受了虚拟见证。切尔诺贝利核电站事故发生后，很快被法国的一颗商业卫星拍摄下来，然后传播到世界各地，包括当时的苏联。[②] 1989 年底，东欧共产主义政权纷纷瓦解，一个政府倒台的照片也引发了邻国类似事件的发生。1991 年 8 月，人们可以在电视上实时观看有关苏联政体要瓦解的消息，还配有同声传译的俄罗斯政治辩论。

① M. K. Matsuda, *The Memory of the Modern* (New York and Oxford, 1996), p. 171.

② Kennedy, *Preparing for the Twenty-First Century*, p. 52.

说到信息的遗忘，没有什么比那些能够有效存储信息的设备更能导致遗忘的了。这里指的是，那些围绕微电子、计算机、电信/广播和光电子学的信息处理技术和通信技术，20世纪80年代以来，这些技术共同引发了决定性的转型过程，塑造了当下的信息资本主义世界。这一过程的时间单位是纳秒。特雷西·基德尔(Tracy Kidder)[①] 引用了一位工程师的话，对这位工程师来说，新的时间帧已经被内化了。“当说话时，以纳秒作为计时单位，我感觉很自然，这很好玩儿。我坐在一台分析仪前，纳秒很‘宽’，我的意思是说，你可以亲眼看到一纳秒一纳秒地过去。我禁不住叫道：‘上帝啊，那个信号从一处传递到另一处花了12纳秒。’当我是在造一台电脑的时候，这些就变得意义重大。然而当我在思考打个响指需要花多久的时候，我已经忘记了一纳秒的真正含义了。”打个响指大约需要花费半秒，在人类的时间里，这半秒几乎无法察觉，但在计算机的时间里，半秒就是5亿纳秒。注意到了这个事实，就可以确定所谓的瞬时性并不真实存在，再快的感知也要花时间。不过，现在所谓的“花时间”做什么事已经是可以用很快的速度完成，就比如对商业领袖来说，电传、传真、电子邮件和电子记账簿等设备和技术的引入，使得信息可以在全球范围内远程传播，像纽约、东京和伦敦这些相距甚远的地方也可互通有无。因此，任何的变化都会迅速影响整个网络，而不再仅仅停留在一个特定的局部环境中，处于时空隔离的状态。对于普通消费者来说，他们可以借助计算机网络瞬间找到所需要的产品、服务和数据，包括订购家用电器设备的替换部件、安排

① 特雷西·基德尔（1945—），美国著名的非虚构作家，曾获普利策奖、美国国家图书奖等多项大奖。——译者注

快递提货、查看信用卡结余、查询机票或者检索文献信息等。虽然不存在真正意义上的瞬时性，但现在大量信息的传递几乎没有任何的时间延迟，这已经是司空见惯。

信息科技所带来的不那么明显但同样重要的影响就是对文化记忆的改变。早在计算机发明之前，人类就有一种不好的预感，过量的信息会让感官超负荷，可能会产生遗忘的弊病。实验心理学家亨利·皮埃隆凭借他的《记忆的进化》而享誉国际，他在1910年曾警告说，机器时代的影响之一就是过量信息带来的创伤，“一个人面临着迷失自我的风险——甚至也开始期待发生在著名的亚历山大图书馆的大火所引发的那种久远的毁灭性失忆”①。对他来说，这一几乎被公认的愿望现在早就成为一个既定事实。我们使用计算机来处理信息的例行操作必然会导致遗忘。现在日本的年青一代，已经发展出了老一代人所不具备的认知能力，虽然后者也是和计算机一起成长起来的，但是现在的年轻人可以在计算机屏幕上同时观看好几个不同的节目，并且可以理解各自不同的叙事结构。② 雪莉·特克（Sherry Turkle）描述了这些年轻电脑狂的心理结构，她指出，这些人通过与技术的互动，创造了属于他们自己的世俗世界，而这个世界与发生在他们周遭的社会事件在很大程度上是隔离开来的。③ 雷蒙德·巴格洛（Raymond Barglow）将弗洛伊德在其著作中描述的梦，与自己的病人在20世纪90年代的高科技城市圣弗朗西斯科所做的梦进行了对比，他发现后者的新奇之处就在于做梦者绝对的孤独感，这

① Pieron, *L'évolution de la mémoire*, p. 353.

② Nowotny, *Time*, p. 39.

③ S. Turkle, *Life on the Screen: Identity in the Age of the Internet* (New York, 1995).

是一种存在主义的、无法抗拒的孤独，深深嵌入这个世界的结构之中。[①] 这些案例虽然极端，却体现了文化上的症候。电脑的使用让时间加速，由此，个体陷入一种超现在的状态。这是一种强化的即时性，它是通过训练电脑观众将注意力持续放在层出不穷的微观事件上实现的，这使得我们更难将过去，哪怕是新近的过去看作真实的，因为在电脑观众的体验中，现在已经成为一个狭义的时间段，与过去毫无关联。“关联”一词在海湾战争时期的公共话语中被凸显出来，也许并非偶然：它表明我们已经感知到了“关联”的匮乏。当这样的现在被迫将注意力转移到个体，并且越来越多地转移到整个社会中的大部分个体时，对于人们来说，不仅越来越难以相信元叙事的可靠性，甚至连理解任何持续较长时间的历史一致性也变得越发困难。文化记忆被抹除了。

遗忘的开始伴随人们对“此刻”的渴望。当下，一种潜在性的压抑正干扰着人们的生活，这一点体现在，当他们试图专注于某一条信息时，他们总会下意识地提醒自己，“此刻”他们无法对这条信息全神贯注，而对另一条信息，即使仅仅是略微关注也不可能。“此刻”，他们也可能和其他男人、其他女人待在其他地方，也可能参加其他会议，出现在其他展览上，阅读其他书籍，或者追求其他目标，这成为潜意识里的清晰想法。现在的人们无时无刻不在说着“其他”，然而他们很少提及这样一个事实，即“其他”作为从边缘视角出发作出的“调整”，其实是他们花费自己时间的其他可能方式。这种时间匮乏的感觉可能会引起恐慌。人们可能会有已经错过了这个、那个或者“其他”的感觉。他们

① R. Barglow, *The Crisis of the Self in the Age of Information: Computers, Dolphins and Dreams*（London：Routledge，1994）.

渴望“此刻”，但即使是“此刻”也消散为一系列假设的时刻。他们的意识越是能有效屏蔽外界各种刺激的狂轰滥炸，进入情感体验的上述印象就越少，然后就如本雅明曾经指出的那样，他们便易于停留在生命中的某个时刻，这样的一段小插曲因为在他们的意识中占据着清晰的时间节点，也因此变成了仅仅是他们“活”过的一个时刻。情感的匮乏会让人们怀疑一切。面对德波所说的“弥散的景观”——他称，一个景观过三天就没人提及了，也就不再存在了——他们发现历史知识被消解了，特别是新近的过去已经被摧毁了，被永恒的现在取而代之。随着时间安排变得愈加紧凑，那些充盈情感的时光变得越来越少。属于现在的时间挤得满满当当，属于过去的时间则被抽空。

五

无论我们阐释的是劳动过程、消费，还是职业结构或者媒介生产，可以肯定的一点是，我们都涉及了不同类型的遗忘。尽管如此，作为一个整体，劳动过程的时间性、消费的时间性、职业结构的时间性和媒介生产的时间性，它们共同产生了一系列彼此强化的影响，其总体效果就是将系统性遗忘嵌入现代性自身的结构当中。

碰巧，只有我们经常参考日常生活中我们所熟悉的那些显而易见、不言自明的实体时，我们才会理解这些时间结构，而且无一例外。我们已经反复提及具有现代性的人造物，如刀叉、洗衣机、汽车、广告、商场、微波炉、传真机、流行和古典音乐唱片、出版书目、报纸、电视机、新闻摄影机、电脑等。这暗示着，现代性的“全物世界”一直在我们的关注范围内。在这个全物世界，所有这些物品就充斥在我们习以为常的生活空间中。我们认为的所谓现代的场所，具有某种可供识别的特征，换句话说，现代性在生产这样的社会性空间时，具有某种文化上的特殊性。我们刚刚回顾了彼此交织在一起的几个过程，正是这些过程的时间性引发了一种强大而普遍的结构性遗忘，现在，我们至少还需要再分析另外一点：现代都市空间的地貌。

关于现代地貌，有一个观察的结果是不言而喻的。那就是，至少在某种意义上，地方已经越来越不是我们生活中的决定性因素。对距离的征服已经帮助人们摆脱了地方的偶然性。我们不再像过去的多少代农民那样，扎根于一个地方。尽管可能伴随分离的焦虑，但距离上的分离已经不再像以前那样带来很大的影响，就比如在一个半世纪以前，距离上的分离甚至等同于一次小的死亡。我们可能出生在任何地方，从某种程度上说，这种出生地的偶然性不再像之前那样，决定我们做什么样的工作，交什么样的朋友或者去什么样的地方买东西。汽车、飞机、收音机、电视、电话、卫星、电报和电脑等，所有这些都越来越让我们感觉到，无论我们现在身在何地，都只是我们碰巧在的一个地方，或者只是我们在前往另一个地方之前的中转地。地方不再被当作一种决定命运的力量。这很有可能昭示出一种无根性，一种在郊区景观中体现的无根性，或者说位置的丧失，那里杂乱地分布着各色超市、汉堡店和纵横交错的高速路。流动性取代了原来位置的固定性，成为我们生活空间的新特点。在低端劳动力市场，一些流动是不得已而为之。人们为了生存不得不背井离乡，这种流动是在非独立劳动体制内有组织地完成，也因此人口地图出现了新变化：边缘族群在不同程度上被占主导地位的民族国家所同化。而在高端劳动力市场，流动对于身心健康具有积极意义。职业流动的意愿甚至被视为留在劳动力市场的前提条件，如果对这种意愿运用得当，流动更是会助力职业生涯的成功进阶。

在现代性的漫长历史中，流动性慢慢取代了位置的固定性，伴随这一过程的是，一系列多多少少能观察到的，又多多少少有些突出的“惊颤”，现在对这些“惊颤”，我们早已习以为常。罗伯特·路易斯·史蒂文森（Robert Louis Stevenson）在他的文章《为煤气灯辩护》（A Plea for Gas Lamps）中不禁惋惜到，随着煤气灯的消失，我们几乎再也无法体验到那种黑暗缓缓降临的缓冲效果；他回想了过去的点灯人如何走街串巷，然后一盏一盏地点亮那些灯，回想了在一盏盏灯缓缓亮起时，暮色如何骤然来临；如今整个城市都可以瞬间被电灯照亮，他还反思了对于那些已经熟悉了旧式体验的人来说，这种景观所引起的残酷惊颤是多么令人不安。[①] 摄影师只需一根手指轻轻触碰一下，就足以将一个事件镌刻在永恒的时间里，从这个角度来讲，上述这种瞬间可以点亮一切的电力照明和其有类似之处。拍摄照片的触觉体验与报纸广告版所带来的视觉体验有异曲同工之妙，而在电影院里，给予观众轻微惊颤的感觉已经被确立为一条正式的原则。当在车流中穿行时，为了不错过交通信号灯，人们就需要“眼观六路”，这也使得他们渐渐习惯于一系列的轻微惊颤。正如本雅明在谈到都市中的行人时所写的那样，在危险的十字路口，“一波波的神经冲动就像电

① W. Benjamin, *Charles Baudelaire: A Lyric Poet in the Era of High Capitalism* (Eng. tr. London and New York, 1973), p. 51. ——原注

罗伯特·路易斯·史蒂文森（1850—1894），英国小说家、诗人。——译者注

池里的能量一样疾速地穿过他的身体”。除了要时时警惕上述的视觉画面，新型噪声更是雪上加霜。最初，人们将汽车产生的噪声理解为一种暴力形式，并对其实施了噪声管控。1911 年 12 月 31 日的法国政府立法决议第 25 条规定，汽车鸣笛是一项义务，但同时补充道：“在人口密集区域，鸣笛的声音要尽量小，不能影响附近居民和过路行人。禁止使用多音喇叭、警报器和口哨。”①

“噪音”一词现在不仅普遍用来指声音干扰，其词义还被进一步扩充，作为一个专业术语，它可以指任何对有意义的信息造成干扰的形式。那么，原则上，除了指声学上的现象，它还可以指视觉上的甚至触觉上的干扰现象。“噪声”一词总是让人们联想到破坏、无序、尘埃和污染。在现代信息理论中，“噪声”用来指信息接收者在接收信息时所遇到的干扰信号，即使它本身对于信息接收者来说是有意义的。拿声学噪声来说，众所周知，如果人们所在的环境噪声过大，就会导致如智力下降、呼吸和心跳加速、血压升高以及消化减慢等后果。② 人类越来越从更普遍的意义上去理解都市噪声，说到这一点，其实很早以前瓦雷里观察到，居住在大都市的人们出现了一种退缩的倾向，他写到，人们又回到了野蛮状态，就是那种各自为营的状态。过去人们出于实际需求依赖彼此，而现在社会机制的有效运行已经让离不开他人的这种感觉逐渐淡化了。这种机制的每一次完善都会消除某些特定行为和情感模式。③

不过，瓦雷里提到的这种从都市噪声这一新的感官场域退缩

① Attali, *Noise*, p. 123.
② Attali, *Noise*, p. 27.
③ Benjamin, *Charles Baudelaire*, p. 131.

的倾向，还有与其极端对立的一面，我们或许可以称之为一种瞬间欣喜的体验。在大都市的新型空间中，各种关系纷繁多变，彼此的交际如蜻蜓点水、流于表面，大家对此也习以为常，这也让人们得以重新评估所谓的瞬间，让瞬间拥有了无限魅力。与小镇生活中更悠然自得的互动相比，现在大都市中个体彼此会面的机会少、时间短，开门见山就变得十分必要，并且要在尽可能短的时间内给人留下深刻印象。这样的欣喜瞬间在 1900 年的巴黎世博会上得到了大规模的展示。在同一个展览空间内，人们可以看到各种仿制建筑，它们原属于最迥然不同的地方：印度教寺庙、佛塔，阿尔及利亚的小巷，中国的、日本的还有塞尔加人的民居……凑成了混乱的大杂烩。博览会 33 个景点中有 21 个给人带来这种旅行穿越的错觉。①

那么，这种新的体验场域势必会导致瓦雷里所说的某些特定行为和情感模式的消除，也就不足为奇。正如现在我们所能看到的，在这些慢慢被消除的行为和情感模式中，最突出的是普鲁斯特所说的自主记忆（voluntary memory）的能力。众所周知，《追忆似水年华》（*à la recherche du temps perdu*）在开篇就区分了自主记忆与不自主记忆（involuntary memory）。自主记忆的显著特征是服务于理智。普鲁斯特笔下的叙述者告诉我们，多年来，他对贡布雷的记忆是多么模糊，尽管他在那里度过了他的部分童年时光，接着又讲到，在一个下午，玛德琳糕点的味道又是如何让他回忆起过去，而在那之前，他一直局限于通过有意识的注意力来唤起记忆。普鲁斯特称这种有意识唤起的记忆为自主记忆，其特点就是，它提供给我们的有关过去的信息其实并没有保留过去的

① Brain，*Going to the Fair.*

任何痕迹。对此普鲁斯特一再强调，他写道："我们自己的过去也是如此。我们试图重新回忆起过去，皆是徒劳，我们借助理智所做的尝试都是徒劳的。"普鲁斯特说，过去，这里他所说的过去是浸满情感的自传式的过去，"是理智所不能触及的"，也就是说，它在自主记忆以外，"真切地存在于某种实物当中（或者这种实物所激起的某种情感当中）"。[①]

然而，如果说依靠我们有意识的注意力而唤起的自主记忆，因为不能触及我们自传式过去中的深层情感，能为我们提供的有关过去的内容十分有限的话，那么，普鲁斯特的同代人则逐渐认为，乃至自主记忆本身也是有问题的、有局限的，这一点无疑更具有历史意义。19 世纪晚期的心理学理论如此关注感知、持续时间以及每一次时间感知遗留在记忆中的痕迹问题绝非偶然。[②] 一些关于注意力性质的实验心理学研究，比如詹姆斯·麦基恩·卡特尔（James McKeen Cattell）[③] 在哥伦比亚大学对学生进行了实验，为注意广度（range of attention）的概念提供了典型的数据支撑。早在 1910 年，数百项特别针对广告中的注意广度的实验研究就已经完成。从 19 世纪 90 年代到 20 世纪 30 年代，实验心理学关注的中心议题之一就是注意力的性质问题，具体来说就是注意力和刺激之间的关系，以及注意力的集中、聚焦和分散的相关问题。一个人究竟能同时注意到多少种不同来源的刺激？这是实验心理学家们一直在追问的问题。在 19 世纪 90 年代到 20 世纪 30 年代，这样的问题在实验心理学话语中逐渐占据了关键地位，也

① M. Proust, *Remembrance of Things Past* (tr. C. K. Scott Moncrieff and T. Kilmartin, Harmondsworth, 1983), Vol. Ⅰ, pp. 47 – 8.

② J. Crary, "Spectacle, Attention, Counter-memory", October, 50 (1989), pp. 97 – 107.

③ 詹姆斯·麦基恩·卡特尔（1860—1944），美国心理学家。——译者注

正是在这段时期，一种感官输入日益增多的社会场域，即属于巨大型城市的都市地貌开始出现。

城市景观就像一块屏幕，充斥着各种图像，城市的物理空间感被瓦解了，我们的眼睛一直暴露于如洪水般涌来的各种声音和视觉印象中，就好似一直在不停地飞行，所有的一切都只能是偶然听到亦或匆匆一瞥，因此，我们很难再对一个可能稳定或者恒久的现实保持信念。如果我们想要衡量一下这种愈演愈烈的视觉和声学轰炸，我们可能首先想到的是，3/4 个世纪以前，本雅明对城市街道上过多的神经刺激的回应。他将这些相对新颖的神经刺激理解为视觉炮弹，称它们直接射向观者的感觉中枢，所以大脑将其识别为众多的震惊体验。然后，我们可以将 20 世纪 30 年代的那种反射性反应与我们现在观看老电影的体验进行对照。这些老电影是在本雅明生活的时代甚至更晚时候制作的，当电影中出现街道的场景时，我们常常会觉得十分陌生，因为它看起来很简朴，没什么缀饰，没有各种各样的指示牌、数不清的信号灯、环形交叉路口，也没有各种用来规范车道和停车的路标，而所有这些我们现在早已习以为常。如今，城市景观图像的不断倍增，越发离谱的视觉狂热①，这一切所产生的影响，如果说不是在湮灭历史知识，那么至少也是在侵蚀和消耗我们新近的过去。

因此，将遗忘作为一种当代结构性的文化现象加以研究，最终不可避免地将我们引向了“场所”问题，更具体地说，是引向了场所记忆的问题。但要更详细地去研究场所记忆问题，我们需要后退一大步，退回到大约两千年前。

---

① J-L. Comolli，“Machines of the Visible”，in T. de Laurentis and S. Heath，eds.，*The Cinematic Apparatus*（New York，1980）.

第四章　遗忘的地貌图

如果说一种文化的空间框架，即我们着手生产空间的方式，在文化记忆的地方化中发挥着关键作用，如果说它一手构建了“记忆的地貌图”，那么这可能让我们提出进一步的问题的同时，也引领我们回到早先提出的一个问题，即当代文化所生产的空间对于文化记忆的传承有什么样的影响？

我想说，它的影响就是产生了一种特殊的文化健忘症。为了便于探讨这个问题，我想先分析当代人类聚居的三个特征，这些特征彼此密不可分地交织在一起，对它们的研究将有助于我们理解文化遗忘是如何产生的。第一个特征有关人口聚居地的规模，第二个特征是速度的提升，第三个特征是对建成环境的反复蓄意破坏。我将基于我们现在所处的资本主义生产过程中的特定阶段，来依次解释这些现象。

一

“记忆之术”原是欧洲的一种修辞传统，如果说从西塞罗算起一直到莱布尼茨（Leibniz）[1]，这一传统持续了大约 1500 年。任何思想都不能脱离其产生的背景。在我们理解有关场所记忆的思想传统，即从业者们所谓的“位置记忆法”时，我们需要考虑这种修辞惯例得以在其中蓬勃发展的独特生活空间，或者可以将其理解为人们被安置的范围。作为知识精英的实践，这本应该是一个城市的世界。然而，如果我们可以穿行在这些城市之间，当我们看到人们被集中于一个地理空间内，这个空间按照现代标准来看是如此局促，会马上为之感到震惊。当时都是先建好装备精良的防护墙，然后才在里面建起这些城市实体，也就是说，正是基于城市与田园、中心与外围之间的明显对立，一个城市的平面规划才有了雏形和意义。中世纪的城镇与其他覆盖欧洲平原大部分地区的村庄、庄园和领地之间的区别就在于，这些城镇自行封闭，与周围的乡村环境隔绝开来，目的是与更广阔的世界扩大交流的范围，加深交流的强度。这些城市就是城墙内的十字路口。[2]

接着，我们首先需要注意的是，早期现代欧洲人口聚居地的规模之小。1400 年，欧洲最常见的城镇类型就是作为当地市场交易中心的城镇。这些小镇和那些人口不到 2000 人的农耕村庄几乎没太大差别，当时绝大多数的城市聚居地都是如此，其中至少生活着一半以上的欧洲城市人口。[3] 1400 年，欧洲只有 4 个城市——巴黎、米兰、布鲁日（Bruges）和威尼斯——人口超过

① 戈特弗里德·威廉·莱布尼茨（Gottfried Wilhelm Leibniz，1646 – 1716），德国哲学家、数学家。——译者注

② R. S. Lopez，“The Crossroad within the Wall”，in O. Handlin and J. Burchard，eds.，*The Historian and the City*（Cambridge，Mass.，1963），pp. 27 – 43. ——原注

③ P. Hohenberg and L. H. Lees，*The Making of Urban Europe*，1000 – 1950（Cambridge，Mass.，1985），pp. 51，27 – 8；N. J. G. Pounds，*An Historical Geography of Europe*，450*BC* – *AD*1330（Cambridge，1973）.

了10万，当时作为第十大城市的根特（Ghent），人口只有7万。[①] 1500年，伦敦有5万人口，甚至在两个世纪以后，仅次于伦敦的英国第二大城市也只有2万人口。总的来说，中世纪的社群主要是一种地缘群体。威尼斯被非正式地划分成了几个街区，各个街区都有自己的教堂、广场、码头和水井，每个街区居民的大部分日常活动就在本街区内进行。热那亚的政治、军事和司法机构围绕着八个板块呈区域性分布。在日常生活中，中世纪城镇市民对他们所处环境中的大部分地方都比较熟悉。除少数几个大城市以外，在其他所有的城市中，人们步行便可轻易到达城市中的任何地方。在地图上看看现在北美和欧洲任意十个或者十五个城市的一平方英里，再看看那个时候威尼斯的地图上所展示的一平方英里，将二者放在一起对照，可能不禁会质疑，在绘制威尼斯的地图时，是否真的采用了和其他城市一样的缩放比例。

早期现代欧洲聚居地在空间上的记忆性植根于其小规模的特点，同时也为另外两个极其重要的方面所强化：它们所拥有的边界和中心焦点。在当时的城市设计中，最具特色的元素之一就是它的边界。[②] 事实上，这条通行的规则也有例外。在欧洲的一小部分地区，特别是在英国的许多集市城镇和西属尼德兰地区的一些聚居地，仍然有大量未设围墙的城镇。不过，大多数城市有自己清晰的边界，各种防御工事、城门和塔楼一起为城市勾勒出清晰的轮廓。许多城市有厚重的石墙，多数是在1100—1500年间建

① P. Hohenberg and L. H. Lees, *The Making of Urban Europe, 1000 – 1950* (Cambridge, Mass., 1985), p. 51.

② P. Hohenberg and L. H. Lees, *The Making of Urban Europe, 1000 – 1950* (Cambridge, Mass., 1985), p. 32 – 3.

造的。这些城墙并不是永久性的屏障，随着城镇的扩张，它不断建造新的外围防御工事，以便将周围的土地和人口吸纳进来。在1180—1845年间，巴黎就曾建造了5道这样的城墙。然后，在这些城镇的中心，哥特式大教堂十分宏伟，足以主宰整个城市景观。正是因为所有的城市景观都指向这座建筑，城市也因此被赋予了一种整体性。从12世纪末开始，每一座城市的大教堂都是那个城市有史以来最宏伟的建筑，直到20世纪仍是如此。在15世纪和16世纪，意大利佛罗伦萨和米兰的大教堂是这样，中欧地区的帝国城市如乌尔姆和诺德林根（Nordlinge）[①] 的大教堂也是这样。在许多法国城镇如里昂（Lyon）、沙特尔（Chartres）、亚眠（Amiens）、布尔日（Bourges）等[②]，街道和集市分布在大教堂周围。从规模上看，所有这些大教堂与被它们所主宰的城市相比都不成比例，它们的存在消除了任何可与之相匹敌的事业存在的可能性。城市被封闭于清晰划定的边界以内，其整体布局又围绕着单一建筑，这就创造了一种空间凝聚力，也因此让城市具备了记忆性，无论是从远处还是近处看大教堂，人们都很容易记住它，从各个角度看都能感受到城市的凝聚力。[③]

毋庸置疑，1500—1750年是城市化集中推进的一个阶段，在这期间，兴起了一批新的巴洛克风格的首都和商业中心城市，皇室和国内外商业组织都集中在这些城市。到16世纪末，伦敦、阿姆斯特丹、巴黎、马德里、里斯本还有其他6个城市的人口都至

① 位于德国巴伐利亚州西部，已有1100多年的历史。——译者注

② 上述几个城市均为法国历史悠久的古城镇，都拥有知名的大教堂，如里昂的圣让首席大教堂、沙特尔大教堂、亚眠大教堂和布尔日大教堂。——译者注

③ W. Braunfels, *Urban Design in Western Europe: Regime and Architecture, 900 - 1900* (Eng. tr. Chicago and London, 1988), pp. 35, 38.

少达到了10万，个别的城市甚至高达25万。尽管在16世纪中叶，巴黎和伦敦，这两座阿尔卑斯山以北最大的城市，人口还分别只有13万和6万，但到了1650年，它们的人口都已经接近50万。君主专制通过推动公职就业的方式创造了一种新的城市化模式，马德里的人口增长就有力地佐证了这一点：1561年，马德里人口还只有几千，到1600年就增长到了6.5万，到1630年更是增长到了17万。[①] 到18世纪中叶，欧洲已经出现了一种新的城市等级体系。1500年，只有4个城市的人口超过了10万，但是到19世纪初，已经有24个城市的人口达到了10万。在中世纪发展的顶峰时期，人口最多的城市大约为20万，到1700年，城市等级体系中级别最高的城市人口达到了50万，到1800年已经超过了100万。整体上，在1300—1800年间，欧洲经历了在地中海以外的地区从未出现过的情况：巨大型城市的扩张。[②]

然而，正如吉鲁阿尔（Girouard）[③] 所观察到的那样，两百年前，仍然有可能看到这个世界上任何一个城市的全貌。[④] 你可以从海格特（Highgate）[⑤] 看到伦敦，从蒙马特（Montmartre）[⑥] 看到巴黎，从马里奥山（Monte Mario）[⑦] 上看到罗马。在威尼斯一平方英里的范围内，你能看到的景观数量惊人，包括大运河的大部分以及从西北部的火车站一直延伸到东部兵工厂，都在其中。

① J. de Vries, *Economy in Europe in an Age of Crisis*, *1600 - 1750* (Cambridge, 1976), p. 151.

② 有关新的巴洛克式的首都，参考 J. de Vries, *European Urbanization*, *1500 - 1800* (London, 1984)。——原注

③ 马克·吉鲁阿尔（Mark Girouard, 1931 - 2022），英国建筑历史学家。——译者注

④ M. Girouard, *Cities and People: A Social and Architectural History* (New Haven, Conn., 1985) pp. 258, 344 - 5.

⑤ 位于伦敦北部，地势相对较高。——译者注

⑥ 又称蒙马特高地，是巴黎市北部的一座山丘。——译者注

⑦ 位于罗马西北部。——译者注

罗马的一平方英里则可以包括威尼斯广场（Piazza Venezia）、科索大道、纳沃纳广场（Piazza Navona）、先贤祠和特莱维喷泉（Trevi Fountain）。几乎整个阿姆斯特丹的市中心，包括其主要的运河水道在内，也是占据这么大的范围。两百年前，鸟瞰一个城市这种隐喻化的表达还说得通。那些想刻画一座城市的人，会爬上大教堂、钟楼或者中央塔楼的顶部，只从这一个角度，就可以直观地把握他们想要描述的城市空间。[①] 眺望18世纪的威尼斯，你会发现，安康圣母教堂（Basilica disanta Mariadella Salute）、雷登托雷教堂（Chiesa del Santissime Redentore）、圣马可大教堂（Basilica di San Marco）和圣乔治马焦雷教堂（Basilicadi San Giorgio Maggiore）的圆顶应当被视作一体。[②] 18世纪维也纳的版画，如1769年玛丽亚·特蕾莎女王（Empress Maria Theresa）[③] 委托约瑟夫·丹尼尔·霍普弗（Joseph Daniel Hopfer）制作的巨大版画，将维也纳描绘成了一个封闭的实体。[④] 1544年，科内利斯·安东尼森（Cornelis Anthonison）[⑤] 的版画让我们依然能够鸟瞰整个阿姆斯特丹。事实上，大多数城市有一个清晰可辨的轮廓，外围有防御工事、城门和塔楼。如果你爬到任何一个城市的高处，呈现在你眼前的是犹如一片森林的都市，到处是屋顶、塔楼、圆顶和尖塔，不过你仍然可以看到这片森林的外围和边界。中世纪城市的城墙也许已经消失，城市的规模也可能已经扩大，但人类目光之所

① See the description of the cities of Flanders, especially Bruges and Ghent, by Hieronymus Münzer, in *Itinerarion sive Peregrinatio excellentissimi viri* [1495]; Voyage aux Pays-Bas, intr. M. Delcourt (Brussels, 1942).

② Braunfels, *Urban Design in Western Europe*, p. 94.

③ 奥地利大公国哈布斯堡王朝唯一的女性统治者，1740—1780年在位。——译者注

④ Braunfels, *Urban Design in Western Europe*, p. 302.

⑤ Braunfels, *Urban Design in Western Europe*, p. 94. ——原注
科内利斯·安东尼森（约1505—1553），荷兰画家、雕刻家和制图师。——译者注

及，依然可以审视整个城市，并相信它具有可感知的整体性。居民们所栖居的是一个有边界的城市，他们可以展望整个城市的风景。

现代性的标志就是取消城市的边界，曾经的筑防城市作为一种格式塔，为城市建造提供了基本模式，而如今这种清晰的、无可争议的城市形式已经不复存在。城市不再被视为一种被明确界定的固定形式，而演变为一个不稳定的、可流动的整体，原则上是可以无限发展的。19 世纪的城市变化无定形。[①] 矿区、工厂和冶金业综合体纷纷涌现，它们发展迅猛，往往没有规划，而且在很大程度上没有政府的监管。除非是为了考虑大型货物的物流问题，否则，这些新的生活空间没有什么形态可言。随着进一步扩展，它们逐渐形成了一种全新的城市聚居类型。这种无定形的空间究竟该如何命名？有些地区被称为“黑乡”（Black Country）[②] 或者“五镇”（Five Towns）[③]。有些地区则是基于当地的自然特征为其命名，不过它们的扩张往往很快就抹杀了原有的自然特征，比如鲁尔山谷（Ruhr Valley）。[④] 还有些地区则是以当地正在发展的产业命名，比如博里纳日（Borinage）[⑤]，即煤炭开采的意思。帕特里克·格迪斯（Patrick Geddes）[⑥] 创造了一个术语，即“城市集合体”（conurbation），用它来形容这些密集分布但集中化程度又不高的地区最合适不过。它可以用来表示任何非常大的城市化片区。

---

① Hohenberg and Lees, *The Making of Urban Europe*, pp. 305 - 6.

② 在英格兰西米德兰兹，原为重工业地带。——译者注

③ 位于英格兰中部地区的陶瓷名城。——译者注

④ 位于德国西部的北莱茵 - 威斯特法伦州，曾经是世界上煤炭和铁矿产量最高的地区之一。——译者注

⑤ 位于比利时的埃诺瓦隆省，其名称就源自该地区的煤矿。——译者注

⑥ 帕特里克·格迪斯（1854—1932），英国生物学家、社会学家和城市规划理论家。——译者注

在19世纪末的大城市中，比如伦敦、巴黎、柏林和纽约，即使你爬上一座小山，你也无法再看到这些城市的全貌，你再也无法展望都市森林的边缘了。现在，如果你想看到一座城市的全貌，就需要坐飞机飞到几千英尺之上的天空。巨型城市的出现是城市史上重量级的改变，这一点怎么强调都不过分。从罗马帝国末期一直到18世纪，西方没有哪座城市的常住人口超过100万，当伦敦的常住人口达到100万时，除了巴黎和那不勒斯（Naples），也没有其他城市的人口能达到50万。但到了1900年，欧洲有9个城市的人口超过了100万，它们是伦敦、巴黎、柏林、维也纳、圣彼得堡、曼彻斯特、伯明翰、莫斯科和格拉斯哥，另外还有22个城市的人口在50万—100万。[①] 新出现的城市无产阶级，对自己的居住和就业问题每天都感到一种不确定性，由此开始了大规模的背井离乡，造成了人与地方之间明显的严重割裂，正是城市为这种情形的发生创造了条件。

城市规模的巨大变化首先是由于人们的居住地和工作地在空间上的分离所引起的。从工作地和生活居住地紧密结合，到两者被分散到不同的集群地，这种空间布局方式的转变是19世纪英格兰大规模工业化的核心特征。[②] 这一转变在莱斯特（Leicester）[③]、伯明翰[④]、考文垂（Coventry）[⑤] 和利兹（Leeds）[⑥] 等地都有详细的记录。即使是在伦敦，那里的手工艺生产作为主导性的生产方

① E. Hobsbawm, "Labour in the Great City", *New Left Review*, 166 (1987), pp. 39 – 52.

② I. Katznelson, *Marxism and the City* (Oxford, 1993), p. 217.

③ R. M. Pritchard, *Housing and the Spatial Structure of the City* (Cambridge, 1976).

④ J. E. Vance, Jr, "Housing the Worker: Determinative and Contingent Ties in Nineteenth Century Birmingham", *Economic Geography*, 43 (1967).

⑤ J. Prest, *The Industrial Revolution in Coventry* (Oxford, 1960).

⑥ F. Trowell, "Speculative Housing Development in the Suburbs of Headingley, Leeds, 1838 – 1914", *Publications of the Thoresby Society*, 59 (1983).

式挺过了19世纪，依然存在单一用途的专业化街区分类以及工作空间和生活空间的大规模分离。① 在不同的城市，这种新型的人类聚居模式出现的方式也是截然不同的。一些城市如芝加哥和匹兹堡，是从无到有；一些城市如里尔（Lille）② 和埃森（Essen）③，是在原有的村庄或小城市基础上建造的；还有一些城市如巴黎和伦敦的郊区，则是在现有的城市外围基础上蔓延开来的。不过，虽然在欧洲和美洲大陆发现的情况不尽相同，但它们都表明了一条相同的基本原则。尽管大陆城市更具历史层次性的特点，让欧洲的新城市化进程看起来有所缓和，但19世纪中叶，在巴黎、维也纳、布鲁塞尔、日内瓦、马德里和斯德哥尔摩④，这些城市城墙的拆除就明确表明了工业化带来的影响。城市规模变化最极端的例子是在所谓的新大陆。正如美国人认为他们周围的自然世界是无限的一样，他们认为，人类聚居的空间同样不受自然的限制，能够无限扩张。从原则上说，它就像一个网格系统，可以一格一格地往外无限扩展。⑤

不过，按照现代的标准看，新兴行业工人阶级的生活空间布局的规模仍然较小，这是要考虑的一个极其重要的条件。⑥ 尽管居住地和工作地是分开的，但是相距并不远。19世纪中期的工业小镇依然是一个人们可以步行上下班的社区，到19世纪末，这种

---

① D. J. Olsen，“Victorian London：Specialization，Segregation，and Privacy”，*Victorian Studies*，17（1974）；A. S. Wohl，“The Housing of the Working Classes in London”，in S. D. Chapman，ed.，*The History of Working Class Housing: A Symposium*（Newton Abbot，1971）.

② 法国北部最大的城市，其人口总数仅次于巴黎、里昂和马赛。——译者注

③ 位于德国西部北莱茵-威斯特法伦州。——译者注

④ Katznelson，*Marxism and the City*，pp. 200-201.

⑤ R. Sennett，*The Conscience of the Eye: The Design and Social Life of Cities*（New York，1990），chapter 2.

⑥ 关于这一点，参考 Hobsbawm，“Labour in the Great City”。——原注

状况才发生改变，人们开始需要乘有轨电车和骑自行车上下班。[①] 围绕采矿业形成的聚居地更像是村庄，而不是城镇。1870 年，当时正处于工业发展高峰期的英国，其主要的棉纺城镇人口在 3 万—8 万。拥有大型造船厂、化工厂和酿酒厂的克莱德班克（Clydebank）[②]，1901 年有 2.2 万人。在英格兰，工会分支机构处理劳资纠纷通常就是在小酒馆，那儿的老板充当罢工活动的协调员或者是工会的会计，工人主要的自助社区组织互济会（Friendly Societies）也是在啤酒屋里举行集会。[③] 在第二共和国和第二帝国时期的法国，工人们所处的社交空间相对自由，在一些非正式的工人集会的地方比如咖啡馆、酒馆、卡巴莱餐馆（cabarets）、舞厅和剧院等，他们能够培养出一种激进的阶级意识。[④] 一般来说，在欧洲，大城市劳工运动的真正力量，实际上蕴藏在城中村或都市中的镇区，比如维也纳的弗洛里茨多夫（Floridsdorf）[⑤]、柏林的威丁（Wedding）[⑥]、巴塞罗那的桑茨（Sans）[⑦]还有米兰的塞斯托 - 圣乔凡尼（Sesto San Giovanni）[⑧] 等。尽管人们对某一个特定地方的感

---

① P. Joyce, *Work, Society, and Politics: The Culture of the Factory in Late Victorian England* (New Brunswick, 1980), pp. 118 – 9.

② 位于英国苏格兰的西邓巴顿郡，克莱德河的北岸，是大格拉斯哥地区的卫星城。——译者注

③ Katznelson, *Marxism and the City*, p. 235; P. H. J. H. Gosden, *The Friendly Societies in England* (Manchester, 1961). 关于 19 世纪城市生活空间的“映射”，可参考 J. A. Agnew, *Place and Politics: The Geographical Mediation of State and Society* (Boston, 1987)。——原注

④ R. Aminzade, *Class, Politics, and Early Industrial Capitalism: A Study of Mid-Nineteenth Century Toulouse* (Albany, NY, 1981).

⑤ 维也纳 23 个行政区之一，很早就开展了工业化运动。——译者注

⑥ 位于柏林米特区，原来是一个独立自治市镇，是典型的工人阶级聚居区。——译者注

⑦ 位于巴塞罗那南部的一个社区，原来是工业重镇，是西班牙很多纺织品制造商所在地。——译者注

⑧ 米兰省的一个市镇，19 世纪末 20 世纪初发展成为多个行业所在地，也曾经是意大利共产党活跃的地区。——译者注

情很强烈而且具有持续性，但如果仍有人质疑我们过于强调这些社区，那他应该回想一下足球俱乐部的早期历史。19 世纪 90 年代初，在英格兰足球甲级联赛的 16 支领先球队中，有 11 支来自人口在 6 万—20 万的城镇，而来自大城市（曼彻斯特、利物浦和伯明翰）的 3 支球队也并非以城市命名，而是以那个城市内的某个社区或行政区的名字命名（牛顿希思、埃弗顿和阿斯顿）①，稍后成立的伦敦足球队如切尔西（Chelsea）、水晶宫（Crystal）、查尔顿（Charlton）、莱顿（Leyton）、托特纳姆（Tottenham）和西汉姆（West Ham）等，又一次重复了这样的命名实践，都是以街区名字命名。

在这儿强调这些事实就是要提醒我们自己，这些生活空间与当代最先进的物质文明形态所具有的空间结构之间，从根本上是不同的。现在正发展的是一种新型的聚居空间。19 世纪 40 年代，恩格斯在曼彻斯特发现了新工业资本主义发展出的最新的空间形式，而戈蒂纳（Gottdiener）在 20 世纪 80 年代美国松散的空间布局中，也看到了当下最新的空间形式。② 他区分了“有界的城市形态”（bounded city form），和他称为“多核都市区”（polynucleated metropolitan region）的城市形态，并总结了二者之间的区别。他借此想要强调的是，目前正在发展的空间结构最好不要仅仅理解为城市甚至是巨大型城市的放大版，而是要看到它有自己的一些新的结构特征。因为这些新特征的出现，在描述当代的空间现象时，再使用原来的城市发展模式，会显得越来越不准确。过

① 牛顿希思（Newton Heath）位于曼彻斯特东北，曼联足球俱乐部的前身即是牛顿希思足球队，成立于 1878 年；埃弗顿（Everton）是利物浦的一个区，埃弗顿足球俱乐部成立于 1878 年；阿斯顿（Aston）是伯明翰内城的一个区，阿斯顿维拉足球俱乐部成立于 1874 年。——译者注

② M. Gottdiener, *The Social Production of Urban Space*（Austin, Tex., 1985）. ——原注
马克·戈蒂纳（Mark Gottdiener）（1943 – ），美国城市社会学家。——译者注

去，对城市生活的研究主要聚焦城市空间结构呈现出的一种特定意象，即它体现为一种有边界的城市形态，资本、生产、人员和权力都集中在城市的中心，相应的，我们把城市理解为一个由一系列同心圆区域组成的空间集合意象，看起来也很恰当。而现在，我们面临的越来越多的情况是，大都市的人口分布不断向外围扩散，这些地区不仅规模大，而且无定形。多核扩张的最显著特点就是去中心化：人口、商业、工业和行政机构在分布上的大规模区域性扩散，加之当代区域结构重组后产生的多中心样态，让城市空间绵延不断，遍布全国各地，甚至蔓延到了那些曾经被认为不会受城市化影响的地区。①

这些生活空间形成了新的空间秩序，成为当代最先进的物质文明形态所独有的特征。虽然在1900年，世界上只有1/10的人口居住在城市，但一个世纪之后，一半的世界人口都生活在城市。同样在1900年，欧洲只有9个城市的人口超过了100万，但到了1990年，世界上有35个城市的人口超过了500万，其中22个城市在发展中国家。② 到1992年，已经有13个特大型城市——东京、圣保罗、纽约、墨西哥城、上海、孟买、洛杉矶、布宜诺斯艾利斯、首尔、北京、里约热内卢、加尔各答、大阪——作为

---

① 关于当代聚居空间的去中心化特征，参考S. Sassen，*The Mobility of Labor and Capital: A Study of International Investment and Labor Flow*（Cambridge，1988）；D. Massey，*Spatial Division of Labor*（London，1984）；A. J. Scott，"Flexible Production Systems and Regional Development：The Rise of New Industrial Spaces in North America and Western Europe"，*International Journal of Urban and Regional Research*，12（1988）；P. Hall and A. Markusen，eds.，*Silicon Landscapes*（Boston，1985）；N. S. Dorfman，"Route 128：The Development of a Regional High Technology Economy"，*Research Policy*，12（1983）；M. Piore and C. Sabel，*The Second Industrial Divide*（New York，1984）；J. Urry，"Class，Space and Disorganised Capitalism"，in K. Hoggart and E. Kofman，eds.，*Politics*，*Geography and Social Stratification*（London，1986）。——原注

② R. Rogers，*Cities for a Small Planet*（London，1997），p. 27.

全球经济的节点，这些城市都聚集了1000万以上的人口。[①]

21世纪最具代表性的都市区域结构重组发生在中国华南地区的大都市区，这是一个新崛起的都市圈，它将香港、深圳、广州、珠海和澳门连接在一起，其空间范围绵延超过5万平方千米，容纳了4000万—5000万人口，具体多少取决于划定的边界。在20世纪90年代中期，这片区域还没有名字。不过，尽管其中有相当一部分空间主要覆盖的仍然是零零散散的乡村地貌，但这一区域内的铁路、高速公路、各类水路和航空共同织就了一张交通网，香港、澳门、深圳、珠海和广州的五个新机场，还有这些城市附近的集装箱港口都在建设中，依靠彼此之间的这种内部连接，它已经发展成为一个联系紧密的空间体系。尽管还没有一个统一的名字，但它正迅速成为一个彼此依存的整体。[②]

20世纪的城市史就是一部扩散史。随着中心辐射型城市的故事接近尾声，我们对其中心化的手段产生了怀疑，这将我们自然而然地引向了去中心化的主题，因为我们所关注的安置模式是在当下的生活空间中实现，而生活空间自身已经去中心化。因此，当林奇（Lynch）在1960年出版的《城市的形象》（*The Image of the City*）[③] 一书中，将大都市描绘成一个有清晰的节点、路径、边缘、地标和区位的地方时，他是在表达一种怀旧之情。而弗兰克·劳埃德·赖特（Frank Lloyd Wright）[④] 不无先见之明，他在1932年写道："未来的城市可以说无处不在，也可以说无处可寻，

① M. Castells, *The Rise of the Network Society* (Oxford, 1996), p. 403.

② M. Castells, *The Rise of the Network Society* (Oxford, 1996), pp. 403 – 10.

③ K. Lynch, *The Image of the City* (Cambridge, Mass., 1960). ——原注

凯文·林奇（Kevin Lynch）(1918—1984)，美国城市规划师、作家。——译者注

④ 弗兰克·劳埃德·赖特（1867—1959），美国建筑师、设计师、作家和教育家。——译者注

它与古代的城市或者我们今天的任何一座城市都完全不同，以至于当它到来时，我们可能根本无法辨认出它是一座城市。"① 我们的生活空间在安置规模上发生了如此巨大的变化，以至于城市已经越来越不像一个有焦点的物理实体，而对于作为一种位置记忆法的记忆之术而言，焦点恰恰是其基本先决条件之一，原先这一点被认为是理所当然的，而现在所谓的焦点已经模糊到让人无法辨认。

二

上述有关人类聚居规模的初步看法使我们自然而然开始想到我们前面讲到的第二个特征：速度的提升。②

19 世纪机械化的行进方式对步行的取代是以循环的隐喻为标志的，它包含了三重指涉：交通的运行、货物的流通以及血液的流通。20 世纪发明的很多仪式是有关速度的仪式，从铁路的开通到苏伊士运河（Suez Canal）的开通，每一次成功摆脱距离的限制都成为举办盛大庆典的机会。20 世纪末，资本主义世界基于现代交通进行的体系重塑虽然没有完成，但也已经卓有成效。那些移动的机器——火车、轮船、自行车、电梯、扶梯、汽车、飞机——已经改变了视觉与身体运动之间的关系。③ 我们所能看到的景象因为我们乘坐的各种机械而正在发生改变。④ 1889 年落成的埃菲尔铁

① Frank Lloyd Wright, "The Industrial Revolution Runs Away", *The Disappearing City*（1932）, cited in K. Frampton, *Modern Architecture*（London, 1993）, p. 190.

② 参考 P. Virilio, *Speed and Politics*（New York, 1986）。

③ A. Friedberg, *Window Shopping: Cinema and the Post-Modern*（Berkeley, 1993）, p. 3.

④ A. Friedberg, *Window Shopping: Cinema and the Post-Modern*（Berkeley, 1993）, pp. 82, 84, 152.

塔，其特别之处就是里面的电梯可以以 2 米/秒的速度向上攀升；1893 年的芝加哥世博会展示了一个摩天轮和一个借助机器移动的机械游乐设施；1895 年首次公开放映电影时，观众在卢米埃尔兄弟（Lumière brothers）[①] 的《火车进站》（*L'arrivée du train en gare*）中，目睹了一辆火车驶进车站的情景；1900 年的巴黎世博会上出现了一条 3.5 千米长的移动步道，它是一种自动行人走廊或者说是移动人行道，乘客可以在三种不同速度的平行轨道之间切换。于是世博会的参观者就像传送带上的货物一样，经由这条移动步道被送往展馆各处。在当时的俄罗斯展馆里，游客还可以登上 21 米长的火车车厢，其中配备了餐厅、吸烟室和卧室，人们可以在铁路“虚拟之旅”中跨越西伯利亚，原来从莫斯科到北京的旅途需要花费 14 天，现在被压缩为 45 分钟。

这里，我们见证的是一种新的感知模式——全景感知的出现，它使感知者和客体世界之间形成了一种新的关系，感知者与被感知的客体不再隶属于同一个空间，感知者借助机械装置在世界中游走的同时观察这些客体。在这种情况下，机械装置的移动成为视觉感知行为本身的一部分，因为感知者只能看到那些在移动轨迹之内的东西。如果说铁路旅行只是提供了全景感知的原型，那么最能体现全景感知的现代实例则是高速公路。高速公路被想象成一个车流可以在其中无障碍通行的空间导体，它可能已经成为 20 世纪的建筑环境中最富有浪漫色彩的建筑结构。可以说，在 1986 年的电影《帝国高速公路》（*Reichsautobahn*）中，比

① 哥哥是奥古斯特·卢米埃尔（Auguste Lumière，1862－1954），弟弟是路易斯·卢米埃尔（Louis Lumière，1864－1948），法国人，是电影和电影放映机的发明人。1895 年 12 月 28 日法国巴黎售票放映了“活动影戏”，被认为是世界电影的第一次公开放映，其中最有名的一部就是《火车进站》。——译者注

托姆斯基（Bitomsky）[①] 通过呈现人们对高速公路的原初想象，还原了人们过去的感知方式。通过周密分析单个电影场景，放慢带电影镜头的速度以及细致审查画面帧数的放大，原始的电影片段被分解成了一张张独立的图像，正是这样，他展示了高速公路令人兴奋的速度，高速公路成为20世纪被拍摄最多的建筑项目，这部电影最终也成为这方面的早期代表性作品。[②] 正如迪蒙伯格（Dimendberg）所描述的那样，新高速路上所有的起伏曲折都是精心设计的，因此当你从汽车的挡风玻璃向外望时，德国的景观也已经被转化成一种人为的田园风光，让很多观察者在当时想起了从飞机上看到的场景。[③] 在1939年的世界博览会上，美国展示了另一种形式的技术崇高，它放映了汽车在未来世界（Futurama）[④] 模型中的高速公路上疾驰的影像片段，扫视景观的镜头预告了我们今天透过飞机窗户可能目睹的典型郊区场景。[⑤]

高速公路现在看起来已经是如此天然的存在，以至于我们不得不努力才能想象出一个没有它的世界，然而当年建造它的时候，我们对它还很陌生，想象一下那时我们身处高速公路上是什

---

① 哈默特·比托姆斯基（Hartmut Bitomsky，1942－），德国制片人和导演。——译者注

② E. Dimendberg，"The will to Motorization：Cinema，Highways，and Modernity"，*October*，73（1995），p. 95. ——原注

爱德华·迪蒙伯格（1960—），美国加利福尼亚大学尔湾分校电影与媒介研究系教授。——译者注

③ E. Dimendberg，"The will to Motorization：Cinema，Highways，and Modernity"，*October*，73（1995），p. 107.

④ 由美国通用汽车公司赞助、诺尔曼·贝尔·盖迪斯（Norman Bel Geddes）设计的模型，在1939年纽约世界博览会上展出，其特点是自动化高速公路和广阔的郊区。——译者注

⑤ E. Dimendberg，"The will to Motorization：Cinema，Highways，and Modernity"，*October*，73（1995），pp. 121－2，136－7. 另外可参考 D. E. Nye，*American Technological Sublime*（Cambridge，Mass.，1996）。

么感觉，并不是一件容易的事。不过，德国和美国对高速公路的迷恋表明，它不仅仅是解决交通问题的一个方案，也是社会想象的一个特征，它不仅仅是物质实践的一个产物，也是一种劳动表征。在贝尔·盖迪斯（Bel Geddes）① 的交通设计方案中，高速路桥梁和车道分隔带，远不只是工程学上的精良作品，它们还是一种隐喻，其中的车流昭示出国家统一和畅通无阻的幻想。事实上，到20世纪中叶，人们共同倾注于高速公路的情感如此强烈，以至于谈到现代汽车和高速路之于我们的生活，就如同谈到集会场所和卫城之于古代人的生活，它们已经被明确看作我们生活中不可或缺的一部分。有人说，高速公路就是20世纪的金字塔。②

这里所作的对比不是一种单纯的虚构或者夸大其词，事实上，它充分反映了空间价值所发生的根本性结构变化。具体来说，就是所有文化景观或文化地形的两个主要组成部分——聚居地与连接聚居地的路径——二者之间的关系发生了转变。现代文化景观的一个突出特征就是聚居地越来越受到路径的支配③。

交通工程往往取代了城市规划，这种速度的大规模提升已经逐渐抹消了居住和旅行之间的区别。我们生活的社会不再以相对静止的区域为主导，而是被它的交通节点所支配。早在半个多世纪以前，穆齐尔（Musil）在《没有个性的人》（*The Man Without Qualities*）中，描绘了“一种超级美国城市，在这里每个人都匆匆忙忙，或者手里握着秒表站着不动，……头顶上、地面上还有地底下都是

---

① 诺尔曼·贝尔·盖迪斯（Norman Bel Geddes，1893－1958），美国舞台布景设计师、工业设计师。——译者注

② J. R. Griffith，“The Complete Highway：Modern Transportation in the Light of Ancient Philosophy”，*Landscape Architecture*，47（1957），p. 352.

③ Dimendberg，“The will to Motorization”，p. 136.

列车，是运送人类的气动快递，一辆辆机动车沿水平方向疾驰而过，特快电梯将一波波的人从一层垂直输送到另一层”[①]，他当时应该是怀着一种讽刺的本意写下了这些文字。后来，格特鲁德·斯泰因（Gertrude Stein）认为“从严格意义上来说，将空间理解成总是充满了各种移动只是美国人的看法”[②]；她曾将持续不间断的交通运输仅仅看作美国的普遍要求，然而如今很多地方都是这样了。

在第二次世界大战之后，交通的普遍扩散开始牢牢支配着人们的聚居地。从那时起，集中分布在世界多个主要经济区如美国的中西部、英国的西米德兰兹（West Midlands）地区、鲁尔－莱茵兰（Ruhr-Rhineland）地区（德国——译者注）和东京－横滨（Tokyo-Yokohama）地区的一系列产业，都开始专注于汽车、船舶、飞机和其他运输设备制造行业。在战争刚结束之后的那段时间里，这些都是经济增长的主要推动力。飞机场、连锁酒店和大型零售商店等都随之一起蓬勃发展起来，共同充当了运输的转接点。鲍费尔（Bofill）和卡斯特尔（Castells）一致认为，属于我们这个时代的新型纪念性建筑很可能被建成类似“通信交易所”的样子，里面有火车站、机场、港口、电信基础设施还有计算机控制的交易中心。[③]

这种速度的大规模提升已经逐渐抹消了居住和旅行之间的区别。我们需要更仔细地思考，居住与旅行之间的区别被抹消意味

---

① Quoted in D. Harvey, *Consciousness and the Urban Experience* (Oxford, 1985), p. 15. ——原注

罗伯特·穆齐尔（Robert Musil，1880－1942），奥地利作家，其未完成的小说《没有个性的人》被认为是最重要的现代主义小说之一。——译者注

② Quoted in Harvey, *Consciousness and the Urban Experience*, p. 16. ——原注

格特鲁德·斯泰因（1874—1946），美国作家、诗人。——译者注

③ Castells, *The Rise of the Network Society*, p. 422. ——原注

里卡多·鲍费尔（Ricardo Bofill，1939－2022），西班牙建筑师。——译者注

曼纽尔·卡斯特尔（Manuel Castells，1942－），西班牙社会学家。——译者注

着什么。举例来说，当代的巴黎就或多或少呈现为一种不间断位移（continuous displacement）的地貌。[①] 1972 年，在巴黎市区内每天会有 700 万人次发生位移，在大巴黎地区则有 1200 万人次发生位移。每天大约有 85 万人从巴黎市区通勤到郊区，有 20 万人从巴黎赶往巴黎以外的地区，有 90 万郊区居民在郊区内通勤，还有 70 万巴黎市民在市区内通勤。巴黎市民或巴黎郊区的居民平均每天要在交通上花费 2 个小时，相当于工作时间的 1/4。在大家集中出行的 1 个小时内，会有 70 多万人同时搭乘公共交通工具，其中 30 万人搭乘地铁，23 万人搭乘火车。可以说，这些数字具有一定的代表性。每天都有超过 10 万人搭乘飞机。[②] 在达拉斯－沃思堡（Dallas Fort Worth）[③]，他们一年输送旅客 3000 万人次。机场已经成为一种新型十字交叉口，一种从所有先前城市所具有的历史文化特性、时间维度中抽象出来的微型城市。我们越来越占据的是一个流动的空间（space of flows），而非原来的地方的空间（space of places）。[④]

我们是在汽车上品读一个城市的地貌。我们开车不是为了看城市，而是为了获得出行的自由。但是，透过车窗看到的景象往往就是我们对城市空间的主要体验，我们对于我们所在生活空间的认知很多是透过汽车挡风玻璃获得的。所以，雷纳·班纳姆

---

① 关于当代巴黎的迁徙，可参考 N. Evenson，*Paris: A Century of Change, 1878 – 1978*（New Haven，Conn.，1979）；关于巴黎行政区的分割以及对文化记忆影响的简要描述，可参考 R. Cobb，"The Assassination of Paris"，*New York Review of Books*（February 1980）。——原注

② P. Virilio and S. Lotringer，*Pure War*（New York，1983），p. 64.

③ 达拉斯－沃思堡国际机场是美国得克萨斯州最大、最繁忙的机场。——译者注

④ 关于流动空间与地方空间之间的对比，参考 M. Castells，"High Technology，Economic Restructuring，and Urban-regional Process in the United States"，in M. Castells，ed.，*High Technology，Space and Society*（London，1985），pp. 11 – 40. R. Williams，"Problems of the Coming Period"，*New Left Review*，140（July-August 1983），pp. 7 – 18，该文从所谓的"移动的私有化"的角度审视了这一现象。——原注

（Reyner Banham）写道："就像前几代英国知识分子为了阅读但丁的原著而自学意大利语一样，我为了品读原汁原味的洛杉矶而学会了开车。"[①] 机动车驾驶员具有一种抽象的主体感知能力，他阅读公路上的各种标识符号，只关心如何才能到达目的地，为了实现这一目的，他也会环顾四周，不过只是看那些需要看的东西，整个路线都是基于一种功能性的视角。因此，空间呈现的形式是被简化后的，立体空间让位于平面，整体景观让位于沿着平面图中的既定路线间隔排列的视觉标识。可以说，速度抵消了地面和地域参照点，驾驶实现了维利里奥（Virilio）[②] 所说的"消失的美学"（aesthetics of disappearance）。这就是为什么鲍德里亚称速度为"瞬时性对作为深度的时间的胜利"，"是遗忘对记忆的胜利"，并颇有夸张意味地称之为"一种叹为观止的遗忘形式"。他说，速度的法则就是不留痕迹。在《路上所见》（*The View from the Road*）中，阿普尔亚德（Appleyard）、林奇（Lynch）和梅耶（Myer）这样描述驾驶体验，"一连串的景象呈现在一个囚犯面前，作为一个观众，他有些害怕又特别专注，他看到的一切都经过了筛选并且指向前方"[③]。在这样的行车空间里，以洛杉矶为代表的后都市文明诞生了，76 个不同的城市组成了一个大都市，十

---

① R. Banham, *Los Angeles: The Architecture of Four Ecologies*（London, 1971）, p. 23. ——原注

雷纳·班纳姆（1922—1988），英国建筑评论家和作家。——译者注

② 保罗·维利里奥（Paul Virilio, 1932 – 2018），法国文化理论家、城市规划师和哲学家。——译者注

③ D. Appleyard, K. Lynch and J. R. Myer, *The View from the Road*（Cambridge, Mass., 1964）, p. 10. ——原注

唐纳德·阿普尔亚德（1928—1982），美国英裔城市设计师和理论家；凯文·林奇（1918—1984），美国城市规划师和作家；约翰·罗伯特·梅耶（1927—2009），美国经济学家和教育家。——译者注

车道的高速路就是它的通道。对于这种情形，安伯托·艾柯（Umberto Eco）[①] 曾在他的《超现实旅行》（*Travels in Hyperreality*）中雅致地描述到，因为汽车已经没了离合器，人便觉得自己的左脚成了萎缩的阑尾，在稳定行驶的情况下，人的视线落在那些视觉机械奇观上，落在标识上，落在建筑物上，在汽车几秒时间内所经过的空间里，这些必须得给人留下深刻印象才行。[②]

街道曾是人们集会的地方，汽车通过摧毁街道的方式重塑了城市地貌。在一个特定的街道内，邻里之间的社交互动水平与街道的交通流量成反比，因此，汽车侵蚀了共享的社会空间，也就破坏了城市的凝聚性社会结构。它们要求空间的基本功能是便于移动，因此除非空间可以允许自由移位，否则这个空间就变得毫无意义。这一点带来的影响，从总体上说，就是将城市的结构划分为两种不同类型的空间。第一种空间是实现单一功能的城市空间。商业区、工业带、近郊住宅区、住宅楼盘、商场、停车场、环城公路、地下通道和汽车本身的封闭性空间都属于这一类。第二种空间是迈克尔·沃尔泽（Michael Walzer）所说的“开放型”空间。人来人往的广场、集市、热闹的街道、人行道旁的咖啡馆还有公园都属于这种类型。在第一种空间中，我们总是匆匆忙忙，在第二种空间中，我们更容易意识到其他人的存在，甚至还可能跟他们友好地交谈几句。而汽车对城市地貌的重塑意味着第二种空间被第一种空间持续地、不可逆转地覆盖了。[③]

---

① 安伯托·艾柯（1932—2016），意大利哲学家、符号学家、历史学家和小说家。——译者注

② U. Eco，*Travels in Hyperreality*（San Diego，1986）. ——原注

③ Rogers，*Cities for a Small Planet*，pp. 9 – 10. ——原注

迈克尔·沃尔泽（1935—），美国当代政治哲学家和公共知识分子。——译者注

毋庸置疑，这种新型地貌的始作俑者要早于汽车：是奥斯曼教给了后来的城市规划师，将城市聚居地的所有功能都转移到承载车辆运行的道路上，从而忽略了行人的移动；他构建的干线网络就是他所描述的“总体循环系统”，又细分为多个分支系统，每个分支系统都围绕一个广场布局，这个广场本身已经不再是一个独立场所，而是一个交通节点，奥斯曼称之为“关系节点”。随后汽车的普及让这种被重塑的城市地貌越发成为典型。对汽车使用量不断增长的高度预期——1970—1995 年间，欧洲汽车持有量翻了一番以上，据估计，现在全球约有 5 亿辆汽车——已经导致规划者们围绕交通参数进行城市设计，那些沿着非规划道路步行的人们则被视为是无足轻重的，这实际上大大鼓励了人们越来越多地使用汽车。[①] 伦敦的一些大型空间，如议会广场（Parliament Square）、皮卡迪利广场（Piccadilly Circus）、特拉法加广场（Trafalgar Square）、海德公园角（Hyde Park Corner）和大理石拱门（Marble Arch），如今都被汽车湮没了；而购物中心的规划师，也是奥斯曼的继承者们，当他们谈到磁铁店铺（magnet stores）或者发电机（generators）、流量（flow）和引力（pull）时，其实是借用了机械师惯用的术语，相信这一点对于奥斯曼来说也会很容易理解。[②]

过去，人们可以在城市中边行走边“品读”城市建筑，如今这样的城市概念已经不复存在了，随之一起消失的，还有步行者曾经在行走时所抱有的一系列期望。我们用来描述街道的词语就

① Rogers，*Cities for a Small Planet*，pp. 35 –6.

② 所谓的磁铁店铺或者发电机（店铺）是指商场中的引流店铺，这类店铺通常拥有一定知名度和吸引力，可以像“磁铁”那样吸引客流，像“发电机”那样具有源源不断的能量促进销售。——译者注

反映出我们之前对街道的某种期望。我们会发现有一整套词汇，比如路径、轨道、游行、散步、购物中心等都与行走的方式有关。所有这些词语都意味着，沿着一个既定的路线步行就界定出了一个扩展的公共空间，并深深植入人类经验当中。自诞生之初，道路就承载着一种隐喻意义；① 每个人都知道救赎之路理应是笔直的，如果一个罪犯想要改过自新，他必须努力才能走直路，因为通往地狱的道路铺满了善意②。1807 年 1 月，黑格尔曾在写给一位朋友的信中，表达对法国革命家的钦佩之情，他说旧体制就像“小孩子的鞋子，已经变得太紧，阻碍了前进的步伐，革命家们会很快甩开它们”。这不仅仅是一个比喻，也呼应了很早之前古罗马法中的一条法令，“脚在哪里，祖国就在哪里”。③ 恩格斯也觉察到了同样的现象。1848 年 6 月，他说：“最初的集会在林荫大道上进行，那儿是巴黎生活节奏最为紧凑的地方”④。在这一点上，恩格斯是对的。对于来自乡村和郊区的无产阶级群众来说，在 1848 年和 1871 年深入巴黎市中心，感受他们脚下宽敞华丽的街道，这样一个简单的事实，于他们却是真实的占有，对于他们与掌握国家核心权力的资产阶级之间存在真实可测的社会距离和政治距离来说，这是缩短距离的具体方式。戈培尔（Goebbels）⑤

① J. Rykwert，“Learning from the Street”，in *The Necessity of Artifice*（Oxford，1982），pp. 105 – 13. 关于作为文学创作主题的道路，参考 M. M. Bakhtin，“Forms of Time and Chronotope in the Novel”，in *The Dialogic Imagination*（Austin，Tex.，1992），p. 120 ff. ——原注

② 原文“the road to hell is paved with good intentions”是英语中的一句谚语，来源已经无从考证，也存在多种变体。此处意为一个人如果只是本着善意行事，也会导致意想不到的负面后果。——译者注

③ Virilio，*Speed and Politics*，p. 23.

④ Virilio，*Speed and Politics*，p. 3.

⑤ 保罗·约瑟夫·戈培尔（Paul Joseph Geobbels，1897 – 1945），德国政治家、演说家，纳粹时期担任德国的国民教育与宣传部部长。——译者注

在自己大势已去后，也不得不同意这一点。1931 年，在国家社会党（National Socialists）和马克思主义政党在柏林的斗争中，他就宣称“谁能征服街道，谁就能征服国家”①。

因此，巴特（Barthes）说，“我们生活在城市中，穿过它，看着它，我们就是通过这样简单的方式述说着我们的城市”②，我们可以进一步阐明这一思想，即述说我们的城市这种想法并非夸夸其谈。因为正如米歇尔·德·塞尔托所表明的那样，行走之于城市系统就如同说话之于语言系统。将行走类比为言语行为，可以说具有三重“表述”功能：行走是行人占有城市地貌系统的过程（正如说话者占有语言）；它是地点在空间维度的实现（正如说话行为是语言在声音维度的实现）；它暗示出彼此相隔较远的位置之间的关系。也就是说，它以移动的形式呈现出彼此之间的实际“契约”关系（正如口头表达形同“训示”，在说话者之间建立“契约”关系）。③ 因此，我们可以有很多种具体的方式将行走描述为一种空间表述的方式；行走是对城市空间的占有，就像言语是对语言的占有一样。

以这样的方式讨论行走给我们带来的意义的同时，也让它的内涵变得虚无缥缈。其实它带给我们的是更具根本性的影响。行走——这里我们不是在作类比——是一种典型的综合性活动。从那些描述走不好路的表达中就能看出这一点，例如我们形容某人走不

---

① Virilio, *Speed and Politics*, p. 4. ——原注

国家社会党即德国纳粹党。——译者注

② R. Barthes, in *Architecture d'aujourd'hui* No. 153（December 1970 – January 1971）, pp. 11 – 13. ——原注

罗兰·巴特（Roland Barthes, 1915 – 1980），法国作家、思想家、社会学家和文学评论家。——译者注

③ M. de Certeau, "Practices of Space", in M. Blonsky, ed., *On Signs*（Oxford, 1985）, pp. 129 – 30.

好路，会说寸步难行、趺趺撞撞、一瘸一拐或者摇摇晃晃，所有这些表达都表明了步行者缺乏一种综合性力量，也是在行走的行为中，我们才发现了这种综合性力量存在的必要性和有效性。在行走中，我发现，我就是胡塞尔（Husserl）所说的“有机整体”（total organism）[①]，这个由各种器官组成的有机整体正是在行走的过程中，将自己构建为一个连贯的有机体；在行走时，正是与身体实际运动相关的肌肉知觉让我身体的各个部位能够协调一致。每次当我在行走时，我都是在建立一个连贯的世界，这个世界包含了两种“域”，充满熟悉的、无障碍体验的“近域”和充满陌生的、未知体验的“远域”。我将这两种“域”结合在一起，形成了一个“统一体”。此外，如果说我的生活空间是以胡塞尔所说的一个“稳定的场所系统”的形式呈现在我面前，那是因为通过行走，我们将“定向的事物”确立为相同的事物，从而构建了一个“稳定的场所系统”。[②] 行走既是有机体统一自我的行为，也是为我营造一种连贯环境的行为。对于拉康（Lacan）[③] 来说，是“镜像阶段”（mirror stage）产生了主体统一的幻觉，而对于胡塞尔来说，是行走的活动促成了主体真正的一体化。

---

① E. Husserl, “The World of the Living Present and the Constitution of the Surrnding World External to the Organism”, in Frederick. A. Elliston and Peter McCormick, eds., *Husserl: Shorter Works* (Notre Dame, 1981), p. 249. ——原注

埃德蒙德·胡塞尔（Edmund Husserl，1859 - 1938），德国哲学家、现象学的奠基人。——译者注

② E. Husserl, “The World of the Living present and the Constitution of the Surrnding World External to the Organism”, in Frederick. A. Elliston and Peter McCormick, eds., *Husserl: Shorter Works* (Notre Dame, 1981), p. 250；关于胡塞尔对步行这一主题的论述，参考 E. Casey, *The Fate of Place: A Philosophical History* (Berkeley, Los Angeles and London, 1997), pp. 224 - 8。——原注

③ 雅克·拉康（Jacques Lacan，1901 - 1981），法国作家、医生和精神分析学家。——译者注

要想让我们的空间记忆能够有效运作，就需要有一定的稳定性；记忆修辞术需要一个稳定的场所系统，它的存在不能没有这样一个系统。然而，速度的提升侵蚀了我们场所系统的这种稳定性，曾经所见之物就是稳定的，然而那些提供了“移动性”的技术装置——火车、汽车、飞机、自行车、电梯、扶梯、移动步道等否定了这一假设。具有机动性的机器将所见之物赋予了一种瞬息即逝的特质。早期对铁路旅行的描述就强调，在沿途经过的地貌景观中，除最为简单的轮廓以外，人们很难再识别出其他事物。伯克哈特（Burckhardt）注意到，在火车旅行中，“即使是那些离一个人最近的，如树木、棚屋等一类的东西，也已经不可能再真正区分出来，因为转过头去，要再看一眼的时候，它们早就已经消失不见了”[①]。这种新的瞬息即逝的体验最初是由铁路创造的，后来印象主义和未来主义对其大加颂扬，现在已经是无处不在、无时不在。今天快速移动的交通工具也不断地让我们的视野动起来，一闪而过的巨幅广告牌，瞬间看到的街景，透过火车车窗瞥见的周围景象……这些如今已经是每天常态化的存在，而通过电影的感知又进一步让我们习以为常。电影，按照戈达尔（Godard）[②] 的话说，就是 24 帧/秒的真实，电影作为一种视觉艺术形式，最有效地表达了这种被重塑的感知。电影媒介和城市地貌并行发展，它们让所见即稳定这一假设，变得问题重重。

---

① Quoted in W. Schivelbusch, *The Railway Journey* (New York, 1979), p. 59. ——原注

雅各布·伯克哈特（Jacob Burckhardt，1818 – 1897），瑞士艺术与文化历史学家。——译者注

② 让 – 吕克·戈达尔（Jean-Luc Godard，1930 – 2022），法国导演、编剧、制作人。——译者注

三

当代人类聚居的第三个特点是对建成环境的反复蓄意破坏，这进一步加剧了速度提升所带来的影响。当恩格斯在1844年写下《英国工人阶级状况》（*The Condition of the Working Class in England*）一书时，他发现工人的住房是投机者为了快速获利而建造的，只能维持40年。根据1936年的一项调查，除相对较少地被认定为“历史性”的建筑以外，伦敦的大多数建筑平均30年就要翻新，60年就会被废弃，而美国城市中心区域的更新速度更快。[①] 很早以前，亨利·詹姆斯回到多年未归的纽约，看到的是一幅“为了金钱利益被反复牺牲”“永远在抛弃过去”的城市景观；那些颇为壮观的豪宅们似乎在说：“我们只是分期付款、象征符号和过渡建筑而已，与连续性、责任和传承毫无关联”[②]。托克维尔（Tocqueville）[③] 在美国之行中，美国聚居具有的那种短暂和虚无的特点，给他留下了深刻印象。房屋不是旨在长存的建筑，似乎只是舞台布景，城市在它的市民看来，不过是为了满足商业经营，由办公室、餐厅和商店组合在一起的复杂装置。[④] 巴克敏斯特·富勒（Buckminster Fuller）将纽约描述为“一个不断进行疏散、拆除、搬迁和到处都是临时空地和新设施的进化过程”[⑤]，实

---

① K. Lynch, *What Time Is This Place?* (Cambridge, Mass., 1972), p. 37; Luttwak, *Turbo-Capitalism*, pp. 222－3.

② Quoted in D. Harvey, *Consciousness and the Urban Experience* (Oxford, 1985), p. 28.

③ 阿历克西·德·托克维尔（Alexis de Tocqueville，1805－1859），法国政治学家、历史学家。——译者注

④ Sennett, *The Conscience of the Eye*, pp. 51－2.

⑤ A. Toffler, *Future Shock*, p. 51. ——原注

理查德·巴克敏斯特·富勒（Richard Buckminster Fuller，1895－1983），美国建筑师。——译者注

际上也是在表达同样的看法。

在20世纪30年代初，齐格弗里德·克拉考尔（Siegfried Kracauer）[①] 对城市地貌的这种无常性进行了深入的思考。他认为柏林就是一个绝佳例子，将其与巴黎作了对比。他写道："一个从柏林来到巴黎的德国人，会觉得自己是到了一个巨大的边城小镇"，因为"这里的生活和社会在他看来像是一百年前的"；[②] 因为巴黎"额头上刻着岁月的痕迹，房屋的毛孔中流淌出的都是回忆"。[③] 像柏林一样，巴黎有"数不清的街道"，但没有任何一条巴黎的街道可以与他所说的具有"非历史性质"的街道相提并论。例如，20世纪30年代早期的库尔夫斯滕达姆大街（Kurfürstendamm）就体现了一种空洞的时间的流逝，没有什么东西可以持续地存在。[④] 商店不断更迭，这种"无根性"抹去了有关早先的商店的记忆。在库尔夫斯滕达姆大街上，那些消失的东西就这样"不留一丝痕迹地退场了"；"总有全新的企业出现，而那些被它们替代的企业则完全销声匿迹了"。"当柏林的一家商店被另一家商店取代"，比如说一家茶馆被一家糖果店取代，前者的情形是"不仅仅被取代了，而是被彻底移走了，就像它从未存在过一样。它在经历了完全的在场之后，被抛进了一种遗忘状态中，再也不会有任何力量能够拯救它"。[⑤] 一些装饰物本可以让人联想到昨天，而柏林的很多建筑没有了这样的装饰；只有那些透过门廊闪着些许微光的

① 齐格弗里德·克拉考尔（1889—1966），德国作家、记者、社会学家、文化评论家。——译者注

② S. Kracauer, "Pariser Beobachtungen", *Frankfurter Zeitung*, 13 February 1927.

③ S. Kracauer, "Ein Paar Tagen Paris", *Frankfurter Zeitung*, 5 April 1932.

④ S. Kracauer, "Strasse ohne Erinnerung", *Frankfurter Zeitung*, 16 December 1932. ——原注

库尔夫斯滕达姆大街是柏林西区的主要商业街，有十分摩登的都市景观。——译者注

⑤ S. Kracauer, "Strasse ohne Erinnerung", *Frankfurter Zeitung*, 16 December 1932.

大理石楼梯保留了一些记忆，那是有关战前世界的最好的回忆。在其他城市，广场的形象、公司的名称和企业也会发生更迭；“但是只有在柏林，对过去的改变是如此彻底，以至于从记忆中完全抹除了”。① 柏林是一个典型的地方，“在这里，人们会迅速遗忘；确实，它似乎掌握了消除所有记忆的魔法”。②

新型建筑材料的发明加速了这一创造性的破坏过程，它们让建筑变得更加轻盈、开放，建造的速度也更快。19 世纪末的世界，越来越被来自过去的负担困扰，它还没有意识到生命无法承受之轻。它的城市结构中到处都是精雕细琢的装饰物，有鹅卵石、楼梯、敦实的柱子和无法移动的纪念碑，它们的表面都经过了仔细的凿刻和打磨。而 20 世纪初的城市结构，则是高强度钢、钢筋混凝土、高强玻璃、高速公路、电梯、可移动式展览和退化为反光外壳的墙壁。

这一过程可以被理解为资本主义制度之下的建设模式。我们的城市层级结构和交通系统都在表明，我们所创造的景观被转换的速度在加快。③ 资本主义通过郊区化、去工业化、高档化和城市改造不断重塑着我们的城市景观。资本主义通过定期投资铁路、公路和港口系统的建设来消灭空间，因为到了某个时候，那些最初的投资也必然会因为想要继续消除空间的冲动而变得过时和多余。马克思已经认识到了这一工作原理。④ 他写到，生产越是以交换为基础，交换的物质条件即通信和运输手段就会越重

① S. Kracauer, “Wiederholung”, *Frankfurter Zeitung*, 29 May 1932.

② S. Kracauer, “Wiederholung”, *Frankfurter Zeitung*, 29 May 1932.

③ Harvey, *Consciousness and the Urban Experience*, esp, pp. 36 – 7, 60 – 1.

④ K. Marx, *Grundrisse: Foundations of a Critique of Political Economy* (Harmondsworth, 1973), p. 538.

要，因为交换需要降低流通的成本。一方面，资本主义必须竭力拆除每一处空间障碍，为了开拓市场而征服全世界；另一方面，它又努力通过时间消除空间。因此，无论是在我们城市的层级结构中还是交通系统中，我们都看到同样的过程在发生：在一个特定的历史时刻，产生了符合资本主义要求的物理景观，随后它又在接下来的某一个历史时刻被破坏或者打乱，这是一个无休止的过程。

在这个过程中，因为城市的基本构成要素已经被瓦解，所以文化记忆被侵蚀。[①] 辖区、广场和街道曾经是城市的基本构成要素，它们的瓦解导致了的文化遗忘扩散。先说辖区，人口密集的辖区，作为一个曾经多多少少有着清晰边界的聚集地，如今到处散落着平板式建筑，只有从飞机上，才能将它们识别或者想象成一个整体。广场曾经是一个封闭的场所，是林奇所说的“具有特色和让人难忘的地方”，如今因为停车场，它对城市整体的影响也不如从前了。还有街道，现代街道已经变成了单纯的交通网格系统中的一部分，诚然，它是有序的，从这个意义上说，也是很容易描述的，但整体上它依然是不容易让人记住的。不说欧洲，就拿美国为例，我们可能会问自己：那是 92 街还是 93 街？当城市的结构不再借助辖区、广场和街道获得清晰的界定，我们的公共环境就会由那些不那么具有地方色彩的空间构成，这些空间反而会扩散和侵蚀公共领域。

辖区、广场和街道，这些基本构成要素的瓦解不但是对城市本身的直接攻击，也是对人体的间接攻击。[②] 因为正如马塞尔·

① 参考 C. Norberg-Schulz，*Existence*，*Space and Architecture*（London，1971），pp. 80－6。

② Rykwert，*The Necessity of Artifice: Ideas in Architecture*，pp. 131－3.

莫斯（Marcel Mauss）[①] 所说，人是节奏动物，在社交和独处时都是这样；人体为了进行有节奏的活动，需要在空间和时间上有特定的节点。也就是说，需要有中心，有高点，还有边界和起始点。我们的城市似乎正在不可挽回地失去这种社交形式。在过去的30年里，我们已经目睹了这种根本性变化。自20世纪60年代初以来，在发达国家的大都市中心，随着独立式高层建筑和蜿蜒的高速公路的双重发展，那些从19世纪继承的大部分城市结构已经被取代。文化记忆总是需要某种建筑上的支撑，而公共空间被侵蚀必然带来文化记忆的消除，这一点在梅尔文·韦伯（Melvin Webber）提出的“没有亲近感的社区”和“无场所的城市领域”[②] 的概念，以及罗伯特·文丘里（Robert Venturi）关于美国人不需要广场，因为他们都是待在家里看电视[③]的断言中均有所体现。

尽管最后这句话有些武断，不过它为我们思考当下转变的性质提供了进一步的线索。这种转变可以表述为：一种立体化的建筑正在被一种平面化的建筑取代。吊诡的是，其实这种突变早就被预料到了。在维克多·雨果（Victor Hugo）的笔下，巴黎圣母院（Notre Dame）的副主教克劳德·弗罗洛（Claude Frollo）仍然可以“阅读”他的大教堂和周边的环境，就像一个人可以阅读象形文字《圣经》一样，雨果借他之口预言了书籍将带来建筑的毁灭，这里的书籍指的不是那些手写的精美书籍，而是那些旨在实现全民扫盲这一理想的机器印刷书籍。因为雨果认为，一旦人们

---

① 马塞尔·莫斯（1872—1950），法国社会学家、人类学家。——译者注

② M. Webber, *Explorations in Urban Structure*（Philadelphia, 1964）. ——原注
梅尔文·韦伯（1920—2006），美国城市设计师和理论家。——译者注

③ R. Venturi, *Complexity and Contradiction in Architecture*（New York, 1966）, p. 133. ——原注
罗伯特·文丘里（1925—2018），美国建筑师。——译者注

从印刷文字中就能知晓奥秘，那么建造“庞然大物”（summa）的欲望，比如大教堂或者纪念碑，就会减退，人类创造的充满意义的环境也随之会不断消解。[1] 但现代空间似乎被擦拭得干干净净。确切地说，现代主义的建筑和城市空间倾向于一个同质化的空间，一切都是类似的，在这个事实基础之上再另外添加了各种标识和记号，这一切都加剧了身体上的不适和荒芜感。它是使用白纸、绘图板、平面图，根据一定几何比例打造的空间，从这个意义上说，我们甚至可以把这种现代主义的建筑和城市空间称作一种“后笛卡尔空间”（a post-Cartesian space）。[2] 对维克多·雨果曾经的预见稍加改造，我们还可以说，不是书，而是屏幕会引发建筑的死亡。这也是为何文丘里关于广场被电视取代的言论揭露了虚假背后的真相；尽管它听起来有点可笑，却指出了一种趋势。立体建筑被平面建筑取代，进而各种建筑被屏幕取代，雄伟的纪念碑也被微型化。因此，在某种意义上说，当代建筑最重要的特征之一就是屏幕，在上面展示给我们的是无数在运动的粒子，还有无时无刻不在同时播放的新闻和广告。

因此，造成当代文化失忆的原因，与人们习惯上所围绕的物质对象的性质及其生命历程有关。如今，随着各种用品和服饰的大量增加，围绕在我们周围的是无处不在的消费。大型百货公司里琳琅满目的消费品和服饰成了展现富裕的主要景观，可以说，我们的市场和商场成了物产丰富的第二自然界。当代向系统化的、有组织的消费的转变，是19世纪农村人口向工业劳动力早期转变在当下的一种延续。从文化记忆的角度看，重要的不仅仅是

---

① 参考 Rykwert，*The Necessity of Artifice*，pp. 131 – 3。

② Henri Lefebvre，*The Production of Space*（Oxford，1991）esp，p. 200 ff.

消费品的极大丰富，更重要的是，它们使用寿命的缩短。[①] 在社会层面的规范之下，一种时间进度，一种周期越来越短的新陈代谢循环被强制推行。正如鲍德里亚说的那样，我们现在正生活在一个物品的时代，我们按照物品的节奏和周期安排生活。今天，我们能够亲眼见证物品的诞生和消亡，然而在以往所有的文明中，物品和纪念碑却可以存续几代人的时间。与所有以前的历史相比，如今人类的寿命与建筑的寿命彼此颠倒了过来。物品更新速度的加快引发了记忆的衰退。

在所有潜在会过时的物品中，标识最为突出。它过时的速度看起来更接近一辆汽车过时的速度，而不是一栋建筑过时的速度，而且它可能现在依然比建筑过时的速度要快。其原因并不在于标识内部自身的物理劣化过程，而是因为它在竞争中败给了其他标识。我们可以从拉斯维加斯了解这一情况。[②] 沿着拉斯维加斯的高速公路，一路上都可以看到各类标识，它们都旨在不断加强交流。那些小型的低矮建筑，像沙漠一样的棕灰色，从原来是街道的高速公路上分离出来，退到后面；高耸着的巨大标识成了它们虚假的正面，垂直于高速路，与楼体本身显得格格不入。在赌城大道（Strip in Las Vegas）[③] 上，最为独立、最具纪念性的部分是各种标识和赌城的正面，这些同时也是最容易发生变化的。它们在前面，随着一系列主题的更换，也在接连不断地“易容”，

① 参考 J. Baudrillard，*Selected Writings*，ed. M. Poster（Oxford，1988），pp. 29 – 30，and Toffler，*Future Shock*。

② R. Venturi，D. Scott-Brown and Steven Lzenour，*Learning from Las Vegas*（Cambridge，Mass.，1972）. 鲍德里亚还主张，拉斯维加斯和洛杉矶应当被视为晚期资本主义空间的典型代表，是美国迄今达到的终极城市形态，具体可参考他的文章：“Hyperreal America”，*Economy and Society*，22（1993），pp. 243 – 52。——原注

③ 一般称作 Las Vegas Strip，是拉斯维加斯大道上长约 6.8 千米的一个路段，许多世界上最大的饭店、赌场和度假村就坐落在赌城大道两旁。——译者注

而在它们后面的中性建筑结构却一成不变地存续了下来。正如文丘里所说：标识比建筑更重要，如果你把标识去掉了，也就没有场所可言了。①

赌城大道上的标识昭示了这样一个事实，即物质性对象的历史已经发生了文化变异。对于大多数物质性对象，多数时候我们可以说，尽管它们不会同我们讲话，但我们依然可以理解这些物质性的陈列，因为它们具有我们解码时通常会得出的意义；或者更甚者，我们应该说，因为我们在解码时似乎没有受到任何阻力，所以我们经常性地意识不到我们是在解码；将对象解码为符号，这样的理念变得对我们十分必要，以至于过时性已经被内嵌进这个充斥着物质性对象的世界。在这些物质性对象发生文化史意义上的转变之前，与其说它们是概念化的象形文字，不如说它们是我们栖居的场所，这就是为什么我们能从拉斯维加斯了解到相关情况。我们可以区分出三个相继的，但又彼此叠加的文化阶段：第一个阶段是当索绪尔在结构语言学中提出，语言符号具有任意性的理论；第二个阶段是，符号的任意性理论被应用到文化研究的各个方面；第三个阶段就有了具有任意性的符号系统的物质创造，这种创造是有意识的、不断加快的，而其中的符号始终在炫耀着自己的符号本质。

我说过，在所有潜在会过时的物品中，标识最为突出。但是，如果物品停止存在呢？这样提问似乎有些荒谬。不过，我们可以先给物品下个定义，即物品就是那些我们能抓在（grasp）手里的东西。作为人体的一部分，手就是用来抓取东西的，无论是在农业文明还是在制造业文明中，被手抓取到的东西都为人所持

---

① Venturi and Scott-Brown, *Learning from Las Vegas*, p. 12.

有，被人操控，进而被人改造。实际上，“我抓不住这个”（I cannot grasp this），就是基于人习惯上用手抓取东西，进而因此学会应付（handle）并操控环境这样一个事实，这个说法用来强调我们在理解某些事物时的无能为力。再比如，“我能应付这个”（I can handle this），是让与我对话的人放心，对于我所面临的情况，我有信心处理好。同样还有，“烫手山芋”（too hot to handle）或者“玩火”（playing with fire）这样的表达则意味着我坚信，如果卷入当下所面临的情况是不明智的。但是现在，信息淹没了环境，它将我们能抓在手里的东西从环境中移除了，我们通常会使用的这个动词（即“淹没”，英文是“flood”。——译者注）就是从水这一概念中汲取的灵感，水正是我们无法抓在手里的东西，也许这一点已经很说明问题了。计算机记忆或者电子图像是“非物”（non-things），因为它们不能被抓在手里，只有通过指尖点动才能访问到。电视屏幕上的电子图像，存储在计算机或电影胶卷、微缩胶卷中的数据，任何试图抓住这些的努力注定会失败。维莱姆·弗卢塞尔（Vilem Flusser）[①] 称他们为“非物”，这些“非物”当然是被困在“物”内的：硅芯片、阴极射线管、激光束等。但是我们无法用手抓握到这些“非物”。这些在我们周围激增的“非物”，我们称之为信息。越来越多的人从事信息的生产，越来越少的人从事实物的生产。人类正在被那些掌控了以下类型的信息的人所主宰：有关原子能发电站建设的、有关武器的以及有关基因工程的信息。物变得越来越不在场，这种文化层面

---

① V. Flusser, *The Shape of Things: A Philosophy of Design* (Eng. tr. London, 1999), pp. 86 –92. ——原注

维莱姆·弗卢塞尔（1920—1991），巴西捷克斯洛伐克裔哲学家、作家和记者。——译者注

坚固性的缺失正成为我们的日常体验。所有坚固的东西都在消融为信息。①

四

因此，我们可以看出这些现象关联在一起，彼此强化。人类聚居规模的扩大、速度的提升以及对建成环境的反复蓄意破坏，合力导致了一种弥散但又无所不包，并且十分强大的文化遗忘；反过来，它们自身又是由资本主义的生产过程所产生的。现代性，或者至少是资本主义生产过程的经济扩张所代表的那一部分，本质上必然地产生文化遗忘。遗忘被内嵌进资本主义的生产过程，体现在对资本主义生活空间的身体体验中。

① 正如苏珊娜·库赫勒（Susanne Küchler）所指出的，现在正在终结的应该是将记忆视为通过物质对象和物质痕迹进行有意识理解和把握的观念，作为一种力量，记忆可能正在褪去我们长期依赖的物质性外衣，具体参考 S. Küchler，“The Place of Memory”，in Adrian Forty and Susanne Küchler，eds.，*The Art of Forgetting*（Oxford and New York，1999），p. 54。——原注

苏珊娜·库赫勒（1963—），德国文化人类学家。——译者注

第五章　结论

关于我一直在阐述的观点，我想读者在心中可能已经有了一些疑虑和困惑，现在我将尝试着回答其中一些能预见到的问题。

首先，可能会问的是，作为一种毋庸置疑的最为重要的“断裂”或者“割裂”，这种文化遗忘究竟是什么时候出现的呢？实际上，真正发生的是一连串的“决裂”。当然，我的论点在某种程度上预设了经典马克思主义的观点，即最重要的断裂发生在1800年以后。但对于大型城市的出现，以及另一个次要的特征即报纸的大众传播而言，一个世纪以后，也就是1900年前后是一个重要的时间节点。然而，后来随着超级城市的出现、日益重要的电子媒介和信息技术的发展，这一切意味着20世纪中期以后，甚至是更晚的时间开始，成为发生显著阶跃变化的时期。总体上看，现代性特有的文化遗忘是一个不断加速的过程，它以一系列的阶跃变化为标志。

其次，也可能会问，这个遗忘过程是在哪里发生的？我的阐述显然意味着，遗忘已经成为全人类的问题，当然同时也很清楚地表明了，这一过程在世界的某些地区开始得比其他地区早，进展得也更深入。因此，必须先要认识到一些关键性的差异，才有可能回答这一过程“何时”发生的问题。例如，想想美洲人，无论是南美的还是北美的，他们拆除建筑的速度，在这一点上，与意大利人抑或是英国人对待建筑的方式相比，都大不相同。

同样的，还可能会问，这种文化遗忘过去发生在谁身上？现在又发生在谁身上？在全球范围内，可以说，至少有四类群体经历了这种遗忘的体验：国际劳动分工中的霸权集团、次属群体，还有经济移民和政治难民。这些分类并不是互相排斥的，显然后三类群体之间存在一定程度上的重叠。

在当前的信息资本主义社会，霸权集团在全球范围内享受的是一种越来越同质化的生活方式和环境。这种越来越被同质化的身份，在机场的贵宾休息室得到了一种象征性体现，设计这些休息室就是旨在让他们和其他旅客之间保持一种社交距离。他们所住的国际酒店，大到客房设计，小到毛巾的颜色，在全球范围内都是一样的。还有无论在哪里，他们都可以永久访问个人移动在线通信网络。这些都是他们作为信息经济管理圈中的一员的象征，而这种信息经济管理圈在全球范围内超越了民族国家的边界。他们生活的环境以及所处的状态，已经超越了每个地方所具有的历史特殊性，因此，这让他们不可避免地倾向于遗忘那些边界。

国际劳动分工中的次属群体也和特定的地方关联在一起，不过他们的这种关联离不开本地环境的特殊性，而不是像霸权集团那样，在任何地方都可以拥有同样的生活方式。对于次属群体的成员来说，住宅区是一个交织着社会关系网络的地方。这一地域空间作为家庭的延伸，对于居民来说具有很重要的意义，因为其中的各个部分，比如小酒馆，就传递了一种归属感。这些本地特有的实体资源提供了一种熟悉和稳定的体验，人们借助对场所独有的地方性记忆产生了一种连续性的感觉。当这样的社区面临被物理破坏的威胁时，社区的成员就会团结一致共同抵制。20 世纪 50 年代末 60 年代初，罗伯特·摩西（Robert Moses）[①] 规划并督建了跨布朗克斯高速公路（Cross-Bronx Expressway），先前的“现代”林荫大道被炸成碎片，布朗克斯（Bronx）[②] 中心区域不仅仅是受到了威胁，而是被摧毁了。在 1982 年的《一切坚固的东西都烟消云散了》（*All that Is Solid Melts into Air*）一书中，马歇尔·伯曼（Marshall Berman）[③] 生动地描述了他是如何预见到自己所在社区的命运，还有当时他站在一旁，看着跨布朗克斯高速公路施工的工地时，忍不住流下眼泪，以及他自己加入了一个组织，帮助其他群体如黑人、西班牙人、贫穷的白人还有越南人为他们的家园而战，尽管他们自己已经溃逃。这些人所面临的威胁是，他们的地方性记忆受到了攻击，因为对建成环境的反复蓄意破坏诱发了强制性的遗忘。

第一次世界大战前的岁月，是有史以来最大规模的人口流动时期。在 1914 年之前的 15 年里，有近 1500 万人来到美国落脚。与此同时，也有人从乡村迁往城市，从同一个州的一个地区迁往另一个地区。在第一次世界大战之前的几年里，几乎每 100 个波

---

① 罗伯特·摩西（1888—1981），美国城市规划师和公职人员，他提出的城市发展理念和规划的很多基础设施项目影响了美国一代工程师、建筑师和城市规划师。——译者注

② 布朗克斯是美国纽约市 5 个市区之一，居民主要以非洲和拉丁美洲后裔居民为主，是纽约市有名的贫民区。——译者注

③ 马歇尔·伯曼（1940—2013），美国哲学家和马克思主义的人文主义作家，童年时代居住在南布朗克斯的一个犹太社区。——译者注

兰人里就有15个永远地离开了他们的祖国。这是19世纪末种族主义变得如此严重的原因之一，它在美国和欧洲引发了愈演愈烈的反大规模移民的运动，其中反犹主义就典型表达了对移民的抵制情绪。接着，在1945—1973年的经济繁荣期，也发生了大规模的人口内部流动，比如当时意大利南部地区的人口纷纷拥进伦巴第（Lombardy）[①]和皮埃蒙特（Piedmont）[②]的工厂。截至1968年，来自马格里布（Maghreb）[③]地区——突尼斯（Tunisia）、摩洛哥（Morocco）和阿尔及利亚（Algeria）——的移民几乎占到了法国所有外来人口的1/4。目前，美国1/3的移民来自拉丁美洲，其中的绝大部分又来自中美洲。1945年以后，由于劳动力市场分割，人口大规模流动带来的创伤性效应在某种程度上得到了缓解：大多数西方国家的犹太移民进入了服装行业，20世纪90年代，在伦敦和纽约的印度餐厅中，员工主要来自孟加拉国（Bangladesh）的一个地区。但总体上看，这些大规模的人口流动，不管是国家之间的流动还是国家内部的流动，本质上必然包含了对原来根系的遗忘，尽管这一过程原本会因为家庭纽带在原籍的延续而有所改观。因此，人口大规模流动的历史是现代遗忘的历史，尤其是对地方遗忘的历史的一部分。

更加令人痛心的是政治难民的境遇。第一次世界大战和俄国革命迫使数百万人出走，成为难民。在俄国十月革命后，有150万—200万名俄国人无家可归。尽管考虑到许多难民的社会出身，他们可能与后来难民潮中的难民不尽相同，在新地方重新安家可

① 意大利最大的大区之一，也是经济最发达的大区，位于意大利半岛北部，首府兼第一大城市为米兰。——译者注

② 意大利西北的一个大区，是主要的工业中心，首府是都灵。——译者注

③ 非洲的西北部地区，主要指摩洛哥、阿尔及利亚和突尼斯三国。——译者注

能对他们来说难度不大。例如，他们的父母可能是木材商人，足智多谋又富有开拓精神，能够在其他地方开始新生活。然而，在1914—1922年间产生了400万—500万名政治难民，两次世界大战期间的部分世界氛围就是受到这一事实的渲染。1945年，随着德国的垮台，这一情况变得更加惨烈。据估计，截至1945年5月，欧洲约有4050万人流离失所，这一数字还不包括非德国裔的被强迫的劳工，和因为害怕快速逼近的苏联军队的报复而逃离的德国人。大约有1300万名德国人被驱逐出他们曾长期定居的捷克斯洛伐克（Czechoslovakia）、欧洲的东南部地区，还有被波兰和苏联占领的德国地区。从某种程度上说，所有这些人都不得不遗忘掉自己来自哪里。

在《抵达之谜》（*The Enigma of Arrival*）中，奈保尔（Naipaul）[①] 带着中年人的后见之明，以一种揶揄的口吻描述了年轻时候的自己。当时他18岁，待在伯爵宫（Earl's Court）[②] 一幢寄宿庄园里。那个时候，他已经知道自己想成为一名作家。1950年，当他在伦敦街头漫步的时候，“作为一名作家”，他“仍在寻找合适的都市题材”[③]。他后来意识到，恰巧就是在1950年的伦敦，他就“处在20世纪后半叶发生的人口大迁移运动的开端，这场迁移和文化融合的运动甚至比美国的移民史还要宏大”[④]。在寄宿的庄园里，他就可以一窥这起大规模的迁移运动，这里至少有10个或12个来自欧洲和北非许多国家的漂泊者可供他观察，这些人

① 维迪亚达·苏莱普拉萨德·奈保尔（Vidiadhar Surajprasad Naipaul，1932－2018），简称维·苏·奈保尔或V. S. 奈保尔，英国印度裔作家。——译者注

② 现在是伦敦市中心的一个社区，隶属肯辛顿－切尔西区，名字源于1887年开放的一个同名游乐场。——译者注

③ V. S. Naipaul，*The Enigma of Arrival*（London，1987），p. 130.

④ V. S. Naipaul，*The Enigma of Arrival*（London，1987），p. 240.

“最大的财富就是他们的故事，他们也很容易一股脑儿倒出这些故事”[①]。但18岁的奈保尔听不到也看不到这一点。当背井离乡的人讲述自己的故事时，他“什么都没记下来，也没问什么问题”，尽管他“如果有一双观察的眼睛，那就会发现一个伟大的主题”[②]。他后来意识到，“在可怕的战争结束后不久，在伦敦这栋房子里的漂泊者”[③]，“才是寄宿庄园真正可写的素材”[④]。他总结道：“本来有一个属于我自己的主题”，但那个时候，他对此毫无意识。因此，回顾自己的18岁，他得出了“没什么可记录”[⑤]的结论。他看到的这些人承载着满满的回忆，但是，他并没有记录下这些回忆。后来，作为政治难民，这些人会在新的国家被强制性地重新安置，他们自己也就会慢慢遗忘掉那些有关自己祖籍地的回忆，至少是一部分回忆。

针对我提出的现代空间生产往往会导致文化遗忘的观点，还可能提出进一步的疑问：人类安置规模的变化、速度的提升和对建成环境的反复蓄意破坏导致了人类栖居地的巨大变异，针对这种变异，难道就没有抵抗的运动吗？实际上，已经存在重重阻力，有来自地理惯性的阻力，也有来自人类干预带来的阻力。

城市街道布局本身就最不灵活，正是这个事实产生了惯性阻力。与单个房屋不同，整体的住房体系成为一种力量，它让城市生活具有一种无法撼动的持久性。城市的街道规划特别能够拒斥改变，以至于你可以像研究一个宗谱网那样去研究它，去发现其

① V. S. Naipaul, *The Enigma of Arrival* (London, 1987), p. 130.
② V. S. Naipaul, *The Enigma of Arrival* (London, 1987), p. 240.
③ V. S. Naipaul, *The Enigma of Arrival* (London, 1987), p. 130.
④ V. S. Naipaul, *The Enigma of Arrival* (London, 1987), p. 240.
⑤ V. S. Naipaul, *The Enigma of Arrival* (London, 1987), p. 132.

中所体现的城市布局的稳定性。

由于人类干预而产生的布局的稳定性可以有多种形式。这里只举两个例子：一个来自 20 世纪早期的法国，另一个来自 20 世纪后期的英国。

在 1900—1920 年间，阿特盖特（Atget）[①] 收集了数目庞大的摄影档案，记录了巴黎自古王朝时期到 19 世纪中叶的城市景观，这是他针对 19 世纪中叶以来巴黎地貌发生的巨变所作出的一种回应。这种巨变可以分为两个阶段，第一阶段是在奥斯曼主持下，巴黎新修建了 22 条林荫大道，比如拉法耶特街、里沃利（Rivoli）街和克勒贝尔（Kléber）大街，还有横跨塞纳河（the Seine）的索尔费里诺桥（The Solferino Bridge）、阿尔玛桥（Pont de l'Alma）和兑换桥（Pont au Change）。这些全新的宏伟设计需要摧毁许多现有的建筑，特别是在拉丁区（Latin Quarter）[②] 和西岱岛（Île de la Cité）[③]。第二阶段是在 1892—1902 年间，又新修建了 171 条街道。1895—1896 年，从圣丹尼教堂（Saint-Denis）到圣母得胜圣殿（Notre-Dame-des-Victoires），修建的街道一直向西延伸到右岸的雷奥米尔街（Rue Réaumur）；1906 年，卢浮宫街（Boulevard Raspail）的北端和蒙马特尔街（Rue Montparnasse）连接了起来；1890 年，哈斯拜大道（Boulevard Raspail）与蒙帕纳斯街（Boulevard Montparnasse）连接了起来。这些变化再一次意味着必须牺牲现有的结构，例如 1907 年第一区的部分区

① 尤金·阿特盖特（Eugène Atget，1857－1927），法国纪实摄影的先驱。——译者注

② 位于巴黎五区和六区之间，是巴黎著名的学府区，索邦大学、法兰西学院等都在附近。——译者注

③ 位于法国巴黎市中心的塞纳河中，是巴黎城区发源地，著名的巴黎圣母院就位于该岛。——译者注

域，特别是双埃库斯街（Rue des Deux-écus）就被拆除了。

这些巨大的变迁引发了一场抵制运动。在1890—1895年间，德·尚波（de Champeaux）[①]在《美术公报》（*Gazette des Beaux-Arts*）上发表了一系列附插图的文章，介绍了巴黎老式建筑上的装饰；1903年，罗杰古德侯爵（Marquis de Rochegude）[②]的《老巴黎旅游实用指南》（*Guide Vieux Paris*）问世；1897年11月，一个官方机构——老巴黎市政委员会成立，以抵制持续不断的拆迁活动。阿特盖特的摄影档案正是形成于20世纪初对巴黎新世界的这种抵制运动中。于铁路而言，摄影成为一种文化上的平衡力，因为铁路提升了速度，而摄影实现了静止；铁路让人难以记忆，而摄影则让记忆沉淀下来。但是，让阿特盖特更为关注的，不是速度的提升，而是对现有环境的反复破坏和重组，于是，他进行了长达20年的一种后卫文化运动来对抗这种现象。

他并没有拍摄那些当时被大量拍摄的纪念性建筑，比如卢浮宫、圣礼拜堂（Sainte-Chapelle）和圣雅各伯塔（Tour Saint-Jacques）。1889年以后，巴黎地貌上被拍摄最多的景点——埃菲尔铁塔——从未成为阿特盖特的摄影主题。在成千上万张照片中，它只出现过一次，而且很明显是无意中拍摄到的。它在阿特盖特1901年拍摄的帕西区（Passy）[③]的巴顿街（Rue Barton）的一张照片中出现过，不过也只是远处的一个小小的模糊图像而已。

阿特盖特的档案是有关前现代城市的，它同时记录了当时的

① 阿尔弗雷德·德·尚波（Alfred de Champeaux，1833－1903），法国艺术史学家。——译者注

② 全名为罗杰·德·盖涅尔·德·罗杰古德（Roger de Gaignières de Rochegude），是一位法国贵族、历史学家和作家。——译者注

③ 位于塞纳河右岸的巴黎十六区，是传统的富人区。——译者注

场所和人。他拍摄了古老的街道和庭院、商店内景、酒吧、市场、旧货店、马拉的轨道车、各式厢货车、喷泉、桥梁、驳船、教堂以及门把手等。他还拍摄了各式各样旧时的街头营生：卖花的、捡破烂的、街头音乐家、收垃圾的、妓女、乞丐以及流浪汉。他将来自古王朝的文物残留都收进了数量庞大的摄影档案中。

最近，英国的文化遗产业就进行了一些符合情理，但很多又比较离奇的尝试，来抵制现代的空间建设和对建成环境的反复蓄意破坏。英国遗产基金会成立于1984年，这个基金会负责管理英国的历史建筑和各类遗址。截至20世纪90年代中期，在它治下大约有50万处房产，其中甚至包括一座完整城镇——威克斯沃斯（Wirksworth），它位于德比郡（Derbyshire）的铅矿区。在1882年，记录在册的古建筑数量是268处，而到了1994年，已经达到12900处。在城镇中，鹅卵石已经是20世纪80年代市政当局称之为“环境改造”工程中的常用材料，这样一来，机动车在城镇中无法自由穿行，原来破旧失修的街道回到了肯辛顿区所声称的“维多利亚式的宏伟”的样子。在乡村地区，“遗产小径”和“遗产路线”的设计被市政当局采用，以纪念1975年的欧洲建筑遗产年（European Architectural Heritage Year）和1977年的女王登基银禧（Silver Jubilee）。

制造业的消失殆尽和重体力劳动的几近消失，催生了“工业考古学”这一实践，该术语在1953年首次提出，旨在保护被废弃或者被拆除的工业设施。最初，最常见的工业遗产是风车和水车。古建筑保护协会（Society for the Protection of Ancient Buildings）发布过一个名单，里面包括180座开放给公众参观的英格兰磨坊。最受欢迎的纪念性工业建筑是蒸汽铁路纪念碑，共有34

个，每年吸引280万名游客来参观。还有至少17个铁路博物馆或铁路中心每年吸引近200万名游客。“历史的”纪念性建筑的概念进一步扩大，它把维多利亚时期的公共设施也囊括了进来，比如阿比米尔斯（Abbey Mills）污水处理厂。到了1971年，已经可以出版一本名为《我们的肮脏遗产》（*Our Grimy Heritage*）的咖啡桌图书，这是“一本配有插图的有关英国工厂烟囱的全面研究”[①] 的书。在威根码头遗产中心（Wigan Pier Heritage Centre）[②]，付费之后，你可以爬进一个模拟的煤矿，身着20世纪10年代无产阶级服饰的男女演员会邀请你入内参观。

最后，可以问：到底是什么被遗忘了？为了回答这个问题，我们需要区分不同类型的记忆。具体而言，需要区分认知记忆、个人记忆和惯性记忆。

认知记忆指的是，当我们使用“记住”（remember）这个动词时所记住的那些内容，比如单词的含义、诗句、故事或者逻辑、真理等。在涉及地方的情况下，认知记忆的失败可能意味着无法回忆起对一个城市的整体感知，这是对城市整体形态的记忆，如果说我们能够在那个城市中定位自己的话，这种记忆必不可少。忘记一个大城市中纷繁复杂的街道布局，可能会导致一系列记忆的丧失：对地标建筑、路径和街道交叉口的遗忘，以及对通常十分复杂的地铁系统结构的遗忘，而地铁在地下形成了一个与地面平行的地理系统。

与现代聚居相比，早期现代欧洲聚居地的空间记忆植根于其

---

① W. Pickles, *Our Grimy Heritage* (Fontwell, 1971).

② 位于英格兰西北区域大曼彻斯特郡的威根镇，最初的码头是一个煤炭装卸站。——译者注

自身小规模的特征，又通过以下两个特征被进一步加强：一方面，防御工事、城门、塔楼和厚重的石墙一起组成了空间的边界，让其易于辨认，因此从认知的角度讲，其记忆性很强；另一方面，它们有一个聚焦点，这种聚焦点是由哥特式大教堂来充当的，因为在欧洲文化中那些哥特式大教堂在周边地形映衬之下，成为一个令人难忘的形象。相较之下，现代城市的聚居地变得越来越没有边界。随着 19 世纪城墙的象征性拆除，新兴的现代城市不断无限扩张，城市历史已经演变为空间扩散的故事。当人口分散在不断扩张的地域内，并且这种地域规模庞大，也没有固定的形状时，城市就没有了一个聚焦点，变成了一个越来越让人记不住的物理实体。中心型城市的消失产生了一种更容易让人遗忘的安置模式。

个人记忆不同于认知记忆，它涉及一系列个人记忆的诉求，这些诉求指的是在那些回忆的行为中，个人的生活史才是回忆的对象。我们称之为个人记忆，是因为它们发生在一个人的过去，指向一个人的过去。正是基于个人记忆的这种诉求，人们可以拥有一种特殊的方式，了解有关自己过去历史的事实。并且从原则上说，他们永远无法通过这种方式了解到其他人的历史。我的个人记忆的诉求可以用以下的陈述句来表达：我在某个时间、某个地方，做了这样或那样的事情。在回忆一件事的时候，我同时也在反思自己。当我说“我二十年前首次参观罗马”，我不仅在反思有关罗马的事情，我也在反思我自己。我意识到自己当下实际的存在，同时我也在反思那个在过去某个地方做了这件或者那件事情的自己。曾经 20 年前首次参观罗马的我，与现在谈论生活中这一过去事件的我，从一些意义上说，是不同的；从另外一些意义上来说，又是相同的。这种个人记忆的诉求对于自我的描述至关重要，因为我的过去的历史对自我概念的形成来说，是一种丰富的资源；我对自我的认识、对自己性格和潜能的看法，在很大程度上取决于我如何看待自己过去的行为。所有这些过去的行为都发生在某个地方。我的个人身份认同，与回忆时的各种状态如快乐、懊悔和遗憾等之间有着重要联系，带来快乐、懊悔或遗憾的对象恰恰是我过去的所作所为或疏漏。对于那些记忆失败的情况，比如，一个人对于十年前参观普拉多博物馆（Prado Museum）[①] 这件事只有模糊的记忆，这就表明了，这样一个发生在个人生活史中的特定事件产生的个人影响很有限，它根本没有被内化为一次深刻的体验，也因此，它不再滋养，或者说可能从未滋养过他们的个人生活。

还有一组记忆的诉求，与个人记忆的诉求以及认知记忆的诉求都不相同，那就是惯性记忆。惯性记忆使我们有能力可以熟练地重复一系列特定的展演行为。我们会记得如何阅读、写作、游泳、骑自行车或者如何在酒宴上举止得当，在所有这些情况中，只要所在的场合有需要，我们就可以有效地执行这些操作。我们经常不记得，我们是如何、什么时候或者在哪里获得了这种特定类型的知识，即知道并且记住如何阅读、写作、游泳、骑自行车或者吃饭时如何举止得当。通常只有通过展演的事实，我们才能向他人证明我们确实记住了这些事情。正如柏格森所观察到的那样，如何阅读、写作、游泳、骑自行车或就餐的含义，就像那种深刻学习后领悟到的含义。它具备了作为习惯的所有特征，因为它已经完全融进了我的身体化展演中，并且我越是记住这类惯性记忆，就越不可能回想起我当初学习它的一些特定场合。只有在

① 位于西班牙马德里，建造于18世纪。——译者注

遇到困难时，我才会求助于我的回忆，我的那些意愿性记忆，将它们当作指南。对于那些记忆失败的情况，比如一个人忘记了餐桌礼仪，则向人们证明了他们只是还没有充分吸收一种特定文化中的恰当的餐桌礼仪而已。

当具体涉及场所的时候，对空间布局、地标建筑、出入口、聚居地的路径等，会发生认知性的遗忘。除此之外，会被遗忘的还可能包括一系列个人记忆和惯性记忆。在现代性以及具有现代性特征的场所等条件作用之下，遗失的除了一系列的认知记忆，还有强有力地交织在一起的个人记忆和惯性记忆，因为它们之间彼此强化，而后共同形成意义层。

制造物品的过程会产生文化遗忘，因为如果你住在一个大城市，你可能会生产工艺品或者提供某种服务，并且在市场中消费商品，而这个市场实际上与很多人、很多地方都有广泛的联系，但这些人、这些地方对你来说，却是看不见的、未知的，甚至是难以想象的。你可能根本没有意识到这些联系，这样的话，你就是无知的。或者，你可能或多或少地知道这些联系，但是在流水般的日常生活中，你可能会将它们从你的意识关注中剔除，这样你就会遗忘它们，商品流动所涉及的关系网也将会被你遮蔽。这主要是一种认知上的遗忘，因为你可能已经具有了一种被文化强化的遗忘的心理习惯，比如你所称之为“乡村”或者“景观”的地方，实际上是其他群体每天都进行劳动生产的地方，“乡村”或者“景观”这样的词代表了这样的环境，但同时也在一定程度上曲解了它。

在世界上物质发展水平最高的中心地区，消费品越来越成为衡量人类生活质量的指标，但也同样是在这些地区，全世界很多地方和很多群体在物质上的稀缺和贫困，在很大程度上被人们遗忘了。这是因为，在大都市中消费品唾手可得，由此引发了一种遗忘的心理习惯。一旦资本主义企业家将注意力从生产耐用型消费品系统化地转向生产消费性服务，消费品的“产品生命周期”就变得越来越短，体现社会阶层差异的消费行为的时间差也就越来越小。消费品的等级体系组织了这种快速的周转，既影响儿童也影响成人：儿童早早地通过训练知晓了过时的含义，成人则受到时尚更新速度的约束，因为时尚的东西消失的速度和它出现的速度一样快。消费品使用寿命的缩减引发了一种讽刺性的文化逆转。人的寿命预期增加，工艺品、物品和建筑的寿命预期则在缩短，而且随着前者享有更长的寿命，后者的寿命则变得越来越短。这由此产生了对个人记忆和惯性记忆的文化遗忘。

现代的信息生产是如此有组织，新闻报道坚持新奇性、简洁性，并且将那些看似离散，实则可能以复杂的方式内在联系在一起的事项分离开来。在恪守上述一系列原则之后，所发生的事件原先可能更深入地与人们的有效生活结合在一起，从而更加让人难以忘怀，现在却从其中被分离出来。这引发了对信息遗忘的文化现象。同时，这也对具有文化主导特征的个人情感生活和感知习惯产生了影响，因此，从这个意义上说，遗忘也涉及了个人记忆和惯性记忆。当代地貌最重要的特征之一就是带有微型化屏幕的建筑，随处可见的、运动中的粒子标志着新闻和广告的复制传播，正是这一事实强化了遗忘的上述形式。对于电视观众来说，即使是最近的过去，也已经成为瞬间即逝的图像集合，而图像的传输又进一步弱化了彼此之间的联系，也因此弱化了人们对它们的记忆。不仅如此，它也弱化了与个体体验之间的联系，因为原本这些碎片化的信息在个体体验中有更大可能“定下来”，成为值得铭记的记忆。信息技术将“记忆”投射到了人体以外，个体记忆原先具有的诸多同化作用被剥夺，它将那些沉迷其中的人们的注意力转向了其强大的存储能力和物质容量，以及持续涌现的微小事件，由此产生了一种由文化引导的心理习惯，在这种习惯作用下，即使是新近的过去，人们也越来越将其想象为“真实”。信息的迅速传播以及不同信息之间的彼此分离，塑造了一种遗忘的习惯，而哪怕是最新近的过去也被遗忘掉了。

20世纪末21世纪初的技术，比如计算机，其扩散的速度比19世纪的技术（如电力），要快得多，以至于临时劳动力市场得以被制度化，临时工作合同变得越来越普遍。这带来的影响就是，那些有关习惯性技能的记忆被贬值，甚至可能被遗忘，与此同时，个人记忆也被贬值，因为“职业”生涯的可能性越来越多变，对于原来的专业人士还有蓝领工人来说，过去的视界也不再那么重要。这影响了惯性记忆和个人记忆的长久性。这一过程对于人们在某些地方的经历来说，其影响是巨大的。大型企业越来越将对特定地方的投资视为一个短期问题，因此，从底层群体的角度去看，他们对本地身份的记忆越来越受到威胁。这反过来侵蚀了被雇佣者或未来潜在的被雇佣者的文化信任，因为信任需要历史，需要过去，历史和过去是信任的基石。人与其工作之间的联系是个人记忆网络中最重要的线索之一，但这种联系如今正在被抹去，加速被遗忘。在世界上物质发展水平最高的地区，人们的预期寿命在增加，然而却正遭遇职业寿命的缩短，后者也越来越容易被人遗忘。

机械复制时代的文化生产记忆的方式，与早期书写系统生产记忆的方式不同。书写文化产生了一系列隐喻：书写被喻为一种“痕迹”“标志”，代表了已经失去的存在，正是由于这些“痕迹”“标志”，那些失去的存在依然能够出现在我们面前，供我们进行反思性的审视；还有“铭刻”在我们脑海中的持久的“印象”“背景”“深度”和“层层”意义这样的概念。而当下的电子通信技术将逐渐让这些隐喻变得过时，因为它所生成的图像被认为不大可能产生那种“铭刻”式的主动记忆。在商业化通信系统中，传播的图像不会引起人们的重视，也不会激发人们的记忆行为，而是具备将人们引向抛弃的能力，引向能够持续强化遗忘的图像的生产，这是那些掌权的人所追求的记忆政治所具有的内在特点。这在文化上具有重要意义，因为只要一个人在“回忆”，那么“回忆”中的事物就会回到正在进行记忆活动的人身上，任何时候我们都能这样确切地说。每个被记忆的人、地方、想法或物品都会或明或暗地指向那个记忆的人。然而，当代媒体削弱了这种特指所带来的威胁，也因此降低了个人记忆所具有的文化价值。

19 世纪的城市无产者，其就业和住房都充满了不确定性，这样的处境在城市内部引发了一种强烈的疏离感，人们和地方之间产生了巨大的断裂；而后来速度的提升又进一步影响了这种长期的历史疏离感。人们克服了距离的限制，特定的地方性也倾向于被取代，这带来短暂欣喜的同时，也常常迫使人们忘记了自己是身处一个具体地方的。机械化让移动加速，但也削弱了曾经的一个假设，即所能看到的东西是相对稳定的。被看到的东西现在转瞬即逝，这使得个人记忆和惯性记忆越来越容易被遗忘，因为它们没有足够的机会在文化中沉淀。

即使这一点被勉强承认，仍然可能会有人反驳，认为愈演愈烈的档案化不会导致文化遗忘，而是带来文化记忆的过剩。新的“数据”载体使人们可以更加详尽、高效地处理和寻找“信息”。尽管与印刷文字相比，以档案形式存在的照片、录音带、视频等，从长远来看其稳定性不如印刷文字，显得更加脆弱，但它们依然堆积如山，无时无刻不在增加。当下我们生活在一种“过度信息化”的文化中，任何一个孩子都可以借助网络积累信息，但明智的做法恰恰是拒绝信息，而非积累信息。艺术、市场和大众媒介不可分割地纠缠在一起，这导致那些具有创造性的人越来越难“遗忘”。广播、报刊和电视充当了无所不包的档案库，并且以一种混乱的方式持续不断地回顾着其中的内容。

这揭示了一个悖论。我们实际上在不间断地出版有关文化记忆的书籍和文章，从时间上看，在过去的20多年里一直呈稳步上升之势，这种情况可以说就像住院病人病历上不断攀升的体温。从这个意义上说，再加上当前无处不在的档案化，我们正生活在一个过度记忆的文化当中。

然而，对于系统地影响了当代政治经济体系的时间结构——消费时间性、职业生涯的时间性、信息生产的时间性以及现代的空间生产，如果我们仔细研究，就会得出看起来相反的结论，即我们正生活在一个后记忆的、健忘的文化当中。

两种结论都是正确的。我们所处的文化表现出许多过度记忆的症状，同时又是一种后记忆的文化，只要我们看到这两个特征之间的因果关系，就有可能解决这一悖论。我们所生活的世界，在文化上许多方面都表现为过度记忆，但在政治经济结构上体现为后记忆。过度记忆的文化症状是由一个系统性生成后记忆文化的政治经济体系所带来的，这正是遗忘的现代性。

索　引

译名对照表

Abbey Mills 阿比米尔斯

Abram de Swaan 阿布拉姆・德・斯瓦恩

Adam Smith 亚当・斯密

Alexander Kluge 亚历山大・克鲁格

Alexis-Charles-Henri Clérel de Tocqueville 阿历克西・德・托克维尔

Alfred de Champeaux 阿尔弗雷德・德・尚波

Alfred Gell 阿尔弗雷德・盖尔

Algeria 阿尔及利亚

Allan B. Jacobs 阿兰・B. 雅各布斯

Alma 阿尔玛桥

Alvin Toffler 艾尔文・托夫勒

Amiens 亚眠

Amin Shtai 阿明・什泰

Andreas Huyssen 安德里亚斯・胡塞恩

Antoine Compagnon 安托瓦纳・贡巴尼翁

Aristide Briand 阿里斯蒂德・白里安

Arthur Rothstein 亚瑟·罗斯坦

Ausstellungswert 展览价值

Bangladesh 孟加拉国

Baron Haussmann 奥斯曼男爵

Bel Geddes 贝尔·盖迪斯

Benedict Anderson 本尼迪克特·安德森

Bergson 柏格森

Black Country 黑乡

Bologna 博洛尼亚

Borinage 博里纳日

Bosavi 博萨维

Boulevard Raspail 卢浮宫街

Bourges 布尔日

Braudel 布罗代尔

Bruges 布鲁日

Buffon 布封

Carol Bardenstein 卡罗尔·巴登斯坦

Champ de Mars 战神广场

Champs élysées 香榭丽舍大街

Change 兑换桥

Charles de Gaulle 戴高乐

Charles Oliver Frake 查尔斯·奥利弗·弗莱克

Charlton 查尔顿

Chartres 沙特尔

Chelsea 切尔西

Cicero 西塞罗

Claude Frollo 克劳德·弗罗洛

Clydebank 克莱德班克

Counter-monument 反纪念碑

Coventry 考文垂

Cumberland 坎伯兰郡

Cologne 科隆

Conzen 康森

Cornelis Anthonison 科内利斯·安东尼森

Cross-Bronx Expressway 跨布朗克斯高速路

Crystal 水晶宫

Czechoslovakia 捷克斯洛伐克

Dallas Fort Worth 达拉斯－沃思堡

David Harvey 大卫·哈维

de Certeau 德·塞托

Derbyshire 德比郡

Devon 德文郡

d'Iena 耶拿

Donald Appleyard 唐纳德·阿普尔亚德

Dorothea Lange 多萝西娅·兰格

d'Ulm 乌尔姆

Earl's Court 伯爵宫

East Anglia 东安格利亚原野

Edmund Husserl 埃德蒙德·胡塞尔

Edward Dimendberg 爱德华·迪蒙伯格

Elaine Rochberg-Halton 伊莱恩·罗奇伯格－哈尔顿

Elaine Scarry 伊莱恩·斯凯瑞

Empress Maria Theresa 玛丽亚·特蕾莎女王

Eric Hobsbawm 艾瑞克·霍布斯鲍姆

Ernst Renan 欧内斯特·勒南

Essen 埃森

Eugène Atget 尤金·阿特盖特

Eugen Weber 尤金·韦伯

Five Towns 五镇

Floridsdorf 弗洛里茨多夫

Foi 法尔族人

Frances A. Yates 弗朗西斯·叶芝

Franco Moretti 弗朗科·莫莱蒂

François Mitterand 弗朗索瓦·密特朗

Franklin 富兰克林

Frank Lloyd Wright 弗兰克·劳埃德·赖特

Fredric Jameson 弗雷德里克·詹姆逊

Freud 弗洛伊德

Friendly Societies 互济会

Futurama 未来世界

Gazette des Beaux-Arts《美术公报》

Genoa 热那亚

Georg Simmel 格奥尔格·西美尔

Gertrude Stein 格特鲁德·斯泰因

Ghassan Kanafani 格桑·卡纳法尼

Ghent 根特

Gottdiener 戈蒂纳

Gottfried Wilhelm Leibniz 戈特弗里德·威廉·莱布尼茨

Great Basilicas of Sta Maria Maggiore 圣母大殿

Guide pratique a travers le vieux Paris《老巴黎旅游实用指南》

Guy Debo 居伊·德波

Hartmut Bitomsky 哈默特·比托姆斯基

Helvétius 爱尔维修

Henri Lefebvre 亨利·列斐伏尔

Henry James 亨利·詹姆斯

Henri Pieron 亨利·皮埃隆

Highgate 海格特

Hugo 雨果

Hyde Park Corner 海德公园角

Île de la Cité 西岱岛

l'Étoile 爱德华广场

Istvan Deak 伊斯特万·迪克

Jacques Attali 雅克·阿塔利

Jacques Lacan 雅克·拉康

Jacques Le Goff 雅克·勒高夫

James McKeen Cattell 詹姆斯·麦基恩·卡特尔

Jane Jacobs 简·雅各布斯

Jan Tomasz Gross 扬·托马斯·格罗斯

Jaurès 饶勒斯

Jean Baudrillard 让·鲍德里亚

Jean-Francois Lyotard 让-弗朗索瓦·利奥塔

Jean-Luc Godard 让-吕克·戈达尔

Johannes Gutenberg 约翰·古腾堡

John Barrell 约翰·巴雷尔

John Maynard Keynes 约翰·梅纳德·凯恩斯

John Robert Myer 约翰·罗伯特·梅耶

Jonathan Crewe 乔纳森·克鲁

Jorge Semprun 豪尔赫·桑普伦

Joseph Daniel Hopfer 约瑟夫·丹尼尔·霍普弗

Jürgen Habermas 尤尔根·哈贝马斯

Kaluli 卡露力族

Keith Hamilton Basso 基思·汉密尔顿·巴索

Kevin Lynch 凯文·林奇

Kléber 克勒贝尔大街

Kula 库拉

Kurfürstendamm 库尔夫斯滕达姆大街

Kwakiutl 夸扣特尔人

Lafayette 拉法耶特

Laffont 拉丰登

Latin Quarter 拉丁区

Las Ramblas（巴塞罗那）兰布拉大街

Lavedan 拉夫丹

Le Bon Marché 乐蓬马歇百货

Leeds 利兹

Leicester 莱斯特

Leo Spitzer 利奥·斯皮策

Leyton 莱顿

Lille 里尔

Lloyd George 劳合·乔治

Lombardy 伦巴第

Lumière brothers 卢米埃尔兄弟

Lukács 卢卡奇

Lyon 里昂

Maghreb 马格里布

Makassarese 马卡萨族

Malinowski 马林诺夫斯基

Manuel Castells 曼纽尔·卡斯特尔

Marble Arch 大理石拱门

Marcel Mauss 马塞尔·莫斯

Mariano Pola 马里亚诺·普拉

Marina Voikhanskaya 玛丽娜·沃伊坎斯卡亚

Mark Girouard 马克·吉鲁阿尔

Marquis de Rochegude 罗杰古德侯爵

Marshall Berman 马歇尔·伯曼

Mary Carruthers 玛丽·卡拉瑟斯

Max Weber 马克斯·韦伯

Maxine Hong Kingston 汤亭亭

Mayhew 梅休

Melvin Webber 梅尔文·韦伯

Merleau-Ponty 梅洛-庞蒂

Michael Walzer 迈克尔·沃尔泽

Mieke Bal 米柯·鲍尔

Milton Keynes 米尔顿·凯恩斯

Mirabeau 米拉波

Monte Mario 马里奥山

Montmartre 蒙马特

Morocco 摩洛哥

Musil 穆西尔

Naipaul 奈保尔

National Socialists 国家社会党

Naples 那不勒斯

Nevsky Prospekt（圣彼得堡）涅夫斯基大街

Nordlinge 诺德林根

Notre Dame 巴黎圣母院

Notre-Dame-des-Victoires 圣母得胜圣殿

Otmar Mergenthaler 奥特马·默根特勒

Our Grimy Heritage《我们的肮脏遗产》

Pacific Bell 太平洋贝尔

Pali 巴利语

Panthéon 先贤祠

Para-Pirana 帕拉－皮拉纳

Parliament Square 议会广场

Papua New Guinea 巴布亚新几内亚

Passy 帕西区

Patrick Hutton 帕特里克·赫顿

Patrick Geddes 帕特里克·格迪斯

Paul Joseph Geobbels 保罗·约瑟夫·戈培尔

Paul Valéry 保罗·瓦雷里

Paul Virilio 保罗·维利里奥

Piazza del Popolo 罗马人民广场

Piazza Navona 纳沃纳广场

Piazza Venezia 威尼斯广场

Piccadilly Circus 皮卡迪利广场

Piedmont 皮埃蒙特

Pierre Bourdieu 皮埃尔·布迪厄

Pierre Nora 皮埃尔·诺拉

Piranesi 皮拉内西

Place de la Bastille 巴士底广场

Place de la Révolution 大革命广场

Place Louis XV 路易十五广场

Place Vendôme 旺多姆广场

Poète 普埃特

Pont de la Raison 理性桥

Ponte Sant'Angelo 圣天使桥

Pont Notre-Dame 圣母桥

Potlatch 夸富宴

Prado Museum 普拉多博物馆

Proust 普鲁斯特

Ptolemaic System 托勒密体系

Raymond Barglow 雷蒙德·巴格洛

Raymond Williams 雷蒙·威廉斯

Reyner Banham 雷纳·班纳姆

Redentore 雷登托雷教堂

Ricardo Bofill 里卡多·鲍费尔

Richard Buckminster Fuller 理查德·巴克敏斯特·富勒

Richard Terdiman 理查德·特迪曼

Ringstrasse（维也纳）环城大道

Rivoli 里沃利街

Robert Doisneau 罗伯特·杜瓦诺

Robert Louis Stevenson 罗伯特·路易斯·史蒂文森

Robert Moses 罗伯特·摩西

Robert Venturi 罗伯特·文丘里

Roger Parry 罗杰·帕里

Roger Schall 罗杰·沙尔

Rossi 罗西

Robert Musil 罗伯特·穆齐尔

Roger Neich 罗杰·内奇

Roland Barthes 罗兰·巴特

Roper Valley 罗珀谷

Rue Barton 巴顿街

Rue des Deux-écus 双埃库斯街

Rue Montparnasse 蒙马特尔街

Ruhr-Rhineland 鲁尔－莱茵兰

Ruhr Valley 鲁尔山谷

Rousseau 卢梭

Rue Réaumur 雷奥米尔街

Rues d'Austerlitz 奥斯特里茨

Russell Lee 罗素·李

Sacré-Coeur 圣心教堂

Saint-Denis 圣丹尼教堂

Sainte-Chapelle 圣礼拜堂

Saint-Malo to Geneva 圣马洛－日内瓦线

Saint-Michel（巴黎）圣米歇尔大道

Salute 安康圣母教堂

San Giorgio Maggiore 圣乔治马焦雷教堂

San Giovanni di Laterano 圣乔万尼教堂

San Lorenzo fuori le Mura 圣老楞佐圣殿

Sans 桑茨

Sansculottes 无裤党

Sanskrit 梵文

Sears 西尔斯

Sesto San Giovanni 塞斯托－圣乔凡尼

Sherry Turkle 雪莉·特克

Siegfried Kracauer 齐格弗里德·克拉考尔

Sixtus V 西克斯图斯五世

Society for the Protection of Ancient Buildings 古建筑保护协会

Solferino 索尔费里诺桥

Sta Croce in Gerusalemme 耶路撒冷圣十字圣殿

Steven Feld 史蒂文·菲尔德

St Mark's 圣马可大教堂

St. Peter's 圣彼得大教堂

Strip in Las Vegas 赌城大道

Strøget 斯特罗里耶步行街

Suez Canal 苏伊士运河

Tony Judt 托尼·朱特

Tokyo-Yokohama 东京－横滨

Tottenham 托特纳姆

Tour Saint-Jacques 圣雅各伯塔

Tracy Kidder 特雷西·基德尔

Trafalgar Square 特拉法加广场

Trevi Fountain 特莱维喷泉

Trinità del Monti 圣三一教堂

Trobriand 特罗布里恩群岛

Trocadéro 特罗卡迪罗

Tunisia 突尼斯

Umberto Eco 安伯托·艾柯

Ulrich Beck 乌尔里希·贝克

Umberto Eco 翁贝托·艾柯

van Gennep 范·热内普

Van Zutphen van Dedem 范·祖特芬·范·德姆

Via del Corso（罗马）科索大道

Via dei Giunnonari 罗马朱伯纳里大街

Victor Hugo 维克多·雨果

Vilem Flusser 维莱姆·弗卢塞尔

Voltaire 伏尔泰

Walker Evans 沃克·埃文斯

Walpiri 沃皮瑞族

Wamirans 瓦米若人

Ward 沃德

Wedding 威丁

West Ham 西汉姆

West Midlands 西米德兰兹

Westmorland 威斯特摩兰郡

Westphal 韦斯特法尔

Wigan Pier Heritage Centre 威根码头遗产中心

William Cronon 威廉·克罗农

William George Hoskins 威廉·乔治·霍斯金斯

Wirksworth 威克斯沃斯

Woodcotts 伍德科茨

Woodhalls 伍德霍斯

Woodmancotes 伍德曼科茨

Yorkshire 约克郡

Zafimaniry 扎菲马尼里部族

Zola 左拉

致　谢

我要感谢曼彻斯特大学西蒙高级研究奖学金对我的资助，以及社会学理论基金会和皇家文学基金委的托管人对我的支持。同时，伦敦大学日耳曼语与罗曼语研究学院以及剑桥大学社会人类学系为我营造了良好的工作环境，让我有机会在硕士研讨班上尝试了一些为本书构思的想法。此外，我还非常感谢克莱尔·坎贝尔（Clare Campbell）、乔·卡纳莱拉（Jo Canallela）、凯瑟琳·皮克斯托克（Catherine Pickstock）和维拉·斯科维尔斯卡娅（Vera Skvirskaia）的帮助，她们为我提供了研究材料，如果没有她们的帮助，我将很难获得这些材料。当对话再次转向场所这一话题时，尼古拉斯·博伊尔（Nicholas Boyle）也再次向我证明了他是一位富有耐心、善解人意的忠实朋友。彼得·伯克（Peter Burke）、大卫·福尔格斯（David Forgacs）、斯蒂芬·休－琼斯（Stephen Hugh-Jones）、迈克尔·杰克逊（Michael Jackson）、艾瑞丝·琼－克莱因（Iris Jean-Klein）、乔·拉巴尼（Jo Labanyi）、迈克尔·明登（Michael Minden）、雅艾尔·纳瓦罗－亚欣（Yael Navaro-Yashin）和玛丽莲·斯特雷瑟恩（Marilyn Strathern）都整本或部分地阅读过本书的初稿，对于他们给出的有益评论，我深表感激。我还要感谢剑桥大学出版社的两位匿名审稿人，他们对我的手稿都提出了有益的意见。最后，特别感谢鲍比·科（Bobbie Coe），我的手写文稿字迹潦草难辨，经她手才转录成了电子版。